# 只讀好冊

## 李偉文的60本激賞書單

李偉文、AB寶——著

# 自序 好書太多，時間太少

我一直是個好奇也愛玩的人，在許多不務正業的事務上耗費了許多心力，興趣或關注的主題或許隨著生命歷程而轉移，但是始終沒有改變的是我對閱讀的熱情。

白天上班或在外奔波，不管多忙多累，只要想到晚上回家有一些好看的書在枕頭邊等著，整天的情緒就會非常高昂，我覺得從閱讀中所獲得的快樂，遠遠超過這世界可以追求的任何價值。書看得愈多，愈覺得有無窮盡的好書在等著自己，常常感慨一天二十四小時根本不夠用啊！

自從生了雙胞胎女兒AB寶，我就把培養她們的閱讀習慣當作首要目標，因為我認為父母親讓我喜歡上閱讀，是他們送給我最棒的人生禮物。我不會強迫孩子一定要看什麼書，通常都是因勢利導或順著孩子的喜好找相關的書讓她們自由選擇，因為與好書相遇是生命非常美好的緣分。

什麼是好書？對個人而言，不見得是要得過多少獎項，內容多麼豐富，而是我們內心有共鳴，會擊節讚嘆，想為它喝一大杯，迫不急待想跟好朋友分享的書就是好書。

這裡介紹的六十本書，都是我和AB寶都很喜歡的書，當然，值得看的書不只這六十本，若真要我開書單，六百本搞不好都嫌有所遺漏呢！反正好書太多、時間太少是我們必須接受的事實，所以要珍惜剛巧出現在我們眼前的好書，這是難得的因緣。

常有人問我究竟如何決定閱讀哪一本書？通常，我閱讀時間的一半左右是主題式的，也就是在某一段時間內，半年或者二、三年集中閱讀某個領域的書；另外一半的閱讀時間就以「隨機、縱橫、交錯」為原則。所謂隨機，就是隨著因緣：剛好我手碰到，剛好有人拿給我，剛好出現在我眼前。倘若看出興趣，我會再往縱或橫的方向去找。所謂縱，就是作者的其他著作；所謂橫，就是那本書所談的相關主題的其他書籍。因此，以那本「隨緣」的書為中心，往上拉出作者的思路脈絡，往左右找出相同主題的書。至於「交錯」，就是上下左右拉出兩條線中的任何一本書，都可能再成為原點，各自往上下左右拉出一系列的書，構成一片閱讀的書網。

這種源於好奇的追尋是自在的、主動的，所以充滿了樂趣。真正的閱讀是快樂的，是無所為的。

相信翻閱此頁的您，也能體會到英國作家吳爾芙（Virginia Woolf）所寫的：「我往往夢見在最後審判那天，那些偉人、那些行善之人，都來領取皇冠、桂冠或永留青史的榮耀等獎賞的時候，萬能的上帝看見我們腋下夾著書走近，便轉過身，很羨慕地對著聖彼得說：『等等，這些人不需要獎賞。我們這裡沒有任何東西可以給他。他們一生愛讀書。』」

# 目錄

CONTENTS

# CONTENTS

# Chapter 1

# 孩子，讓我們一起飛行

## 青少年的幽暗心理與叛逆

# 《告白》

——湊佳苗

**內心軟弱的人會傷害比自己更軟弱的人。**
**殺害這麼多無辜的人就是你的復仇方式嗎？**
**你的對象一直都只有母親，但被害的人一直都是母親以外的人。**

《告白》這本書在日本獲得大獎，也拍成電影，暢銷之餘引起不少迴響，這故事相當貼近當代日本社會的現狀及憂慮：「層出不窮的青少年暴力事件，甚至冷血殘酷的謀殺，究竟是怎麼一回事？」

故事是一個國中老師與兩個學生——殺了她讀幼稚園的女兒——師生之間罪與罰的過程。關鍵人物是單親家庭的天才青少年，小時候被追求專業生涯的媽媽拋棄後，內心的空洞形成行為偏差的根源，不論對錯好壞，想做能引起社會轟動的事件來引起他媽媽的注意力。

許多研究報告發現，孩童期如果沒有正面的被愛經驗，容易在青少年期以「犯罪行為」來彌補童年失落的「被珍視及被疼惜」的經驗，比如，結黨結派，追求所謂義氣，共患難同生死，追隨老大以尋求認同。

青少年時期是從被父母百分之百照護的兒童，跨到獨立自主成年人的過渡時期，既渴望脫離家庭卻又害怕。在身體快速成長中，許多狀況是他們不瞭解也無法掌控的，比如，負責理性思考的大腦前額葉尚未完全發育完成，往往由負責情緒活動的杏仁核掌握行為表現。因此，青少年從理智層面上知道打人、飆車、吸毒都不好，但是杏仁核驅使他們去做，以獲得情緒上立即的滿足。

青少年正處於追求生命意義、同儕認定的階段，急著釐清「我是誰」、「我的價值是什麼」，在尋找自我時，特別討厭父母親老是用小時候的他為自己定位。

好辯、頂嘴、挑剔、唱反調、討厭偽善、挑戰權威是「叛逆期」的象徵，家長不瞭解孩子內心的徬徨，只會震驚地懷疑：「我的孩子怎麼會變成這樣？」然後傷心地回想孩子小時候多乖巧。

當孩子情緒很不穩定時，若是家長沒有發覺異狀，仍然採取高壓的管教方式，親子的衝突只會愈來愈嚴重。父母應該調整自己的心情，不再當個全面監督的管理者，與其想爭回對孩子的掌控權，不如轉換角色成為顧問，因為他們不想被大人限制，但還是需要意見指導。所謂顧問就是當「客戶」（孩子）準備好，並且確定他們想聽時，才發表意見。因為父母與子女對於「需要」的認知不太一樣，往往家長認為是好意的提醒，孩子卻會覺得不受尊重，甚至視為「魔掌伸到我的勢力範圍」，立刻暴怒，發飆反抗。

這個階段的孩子在父母眼中的確非常「難搞」，因為他們要求擁有自由，卻無法承擔責任與後果，主觀意識很強，卻沒有完整思考判斷的能力。他們強烈宣示對自己身體與活動的所有權，並想從事成年人可以做的事，可是這些活動卻是他們很少或完全沒有經驗的，因此落入眼高手低的處境。

建議家長動怒、責罵孩子之前，要體貼地想到：他們其實處在畏懼和不確定的混亂中，卻以虛張聲勢的外表來掩飾。

在這個時代，我們認為孩子成長在物質富裕的社會中，要什麼有什麼，已經太好命了，哪來這麼多問題。表面上，這個世代有手機、網路，有更好的教育機會、更多自由，對孩子而言，未來充滿各種可能性，可是，這個世代也面臨全球化的高度競爭，以及不確定的未來，各種有形、無形的壓力非常大，當他們不知道該如何抒解時，各種精神與情緒上的障礙就會加重。

調查統計顯示，青少年罹患重度憂鬱症的比例有八．六六%，換句話說，每十二個人就有一人受到憂鬱症折磨。最近臺灣有個調查：三個中學生就有一位想過自殺，而每四位就有一位採取行動、自我傷害。這些年來，青少年第二大死因就是自殺，遠遠超過許多疾病。而且研究顯示，青少年的憂鬱症不僅會自殘，更會傷人，想要與世界一同毀滅，像《告白》中的結局一樣，也正如世界各國陸續發生的校園集體屠殺事件。

從書中扣人心弦的情節裡，讓我們重新看到青少年幽微的心情，也提醒我們「生命有一定的歷程」，父母要用更大的耐心與寬容，引導孩子度過這個身心成長的風暴期。

## 不留遺憾的道別

# 《媽媽的心願清單》

——聖約翰・格林 St. John Greene

**給我心愛的孩子：**
**有一天，在不是那麼遙遠的將來，**
**你們自己的孩子那美好的笑聲也會進入你們的宇宙。**
**當那一刻發生的時候，**
**你們就會瞭解為什麼我每天早上醒來最先想到的都是你們。**

雖然我們都知道生老病死的循環，如同花開花落、月圓月缺、春夏秋冬輪替那般自然，但當面對死亡時，大部分的人還是會驚慌失措。最難過、最捨不得的是無法繼續與所愛的人相處，無法陪著孩子長大，甚至無法與親人好好道別。

精神分析大師容格（Carl Gustav Jung）認為：「真正的美，其實是一種消失，因此，愛是一種註定的遺憾，不管是男女之愛、親子之愛。」詩人聶魯達（Pablo Neruda）也曾寫道：「愛是那麼短暫，遺忘又是那麼漫長。」在漫漫人生，當所愛不在之後，我們將面對縈繞我們一生而揮之不去的感傷。

不過，《媽媽的心願清單》讓我們從作者聖約翰・格林的款款深情中，學到如何讓愛持續，讓家人的哀傷轉化為綿綿的愛而延續下去。

雖然書中的那位媽媽凱特，這麼年輕就過世是令人難過的，但令人羨慕的是，她能以心願清單，好好地與她所愛的人告別，而且當她的孩子在生活中一一實現她的心願時，她將能繼續活在孩子的生命裡，協助孩子將悲傷化為美好的力量。

我相信孩子在完成媽媽的心願清單之後，也會開始聆聽自己的願望，不會輕易地虛度光陰，留下遺憾，這是一個母親可以給孩子最寶貴的禮物了。

對於讀者來說，《媽媽的心願清單》提醒了我們，要珍惜生命每個時刻，把握時機完成最想做的事情。我們常會講：「等孩子長大一點，我一定如何如何……」、「等我生活安定一點，多賺些錢之後，我一定如何如何……」我們以為生命終究會實現我們的願望，可是誰也沒把握，而日子就這麼一天又一天在等待中過去。

有一首西洋老歌〈不曾許諾的玫瑰花園〉這麼唱著：

「我不曾許諾給你陽光下的玫瑰花園，偶爾總會有場小雨……」

或許，擁有玫瑰花園、擁有平順的人生，是我們對人生的期待，我們希望親愛的朋友能夠常常相聚，希望快樂時光能夠永遠停留；以為所有的付出都能有所收穫，期望一切的心願都可以實現……但是，誰能對我們許諾？

當我們漸漸長大，才真正體會到，原來我們常說的「永遠」是虛妄的幻想。年輕時以為自己可以掌握很多事情，可是年齡愈長，愈覺得自己渺小和無能。偉大的東西總在得到之後，覺得不過爾爾，反倒是不值一顧的小事情，卻日日夜夜啃蝕我們的心。

總覺得在無限大與無限長的宇宙時空中，人類何其微渺，在短短的一生當中，不可能成什麼大功、立什麼大業，所以，或許生活的經歷就是生命意義所在。

因此，全心全意地感受生活的點點滴滴，盡心盡力活得精彩，不管是成功或失敗，是挫折或順遂，只要我們用心且努力過，那麼當我們回顧過往，就能對自己交代：「我不虛此生！」

義大利作家卡爾維諾（Italo Calvino）曾經這麼形容死亡：「死亡，就是我加上這世界，然後再減去我。」卡爾維諾用公式來提醒我們，當我們離開人世時，有沒有為這個世界留下一些光彩與溫暖？

《媽媽的心願清單》一書讓我們正視生命的無常，讓我們接受生命必須面對死亡的事實，並且思考如何在還來得及的時候，盡量不留下遺憾。

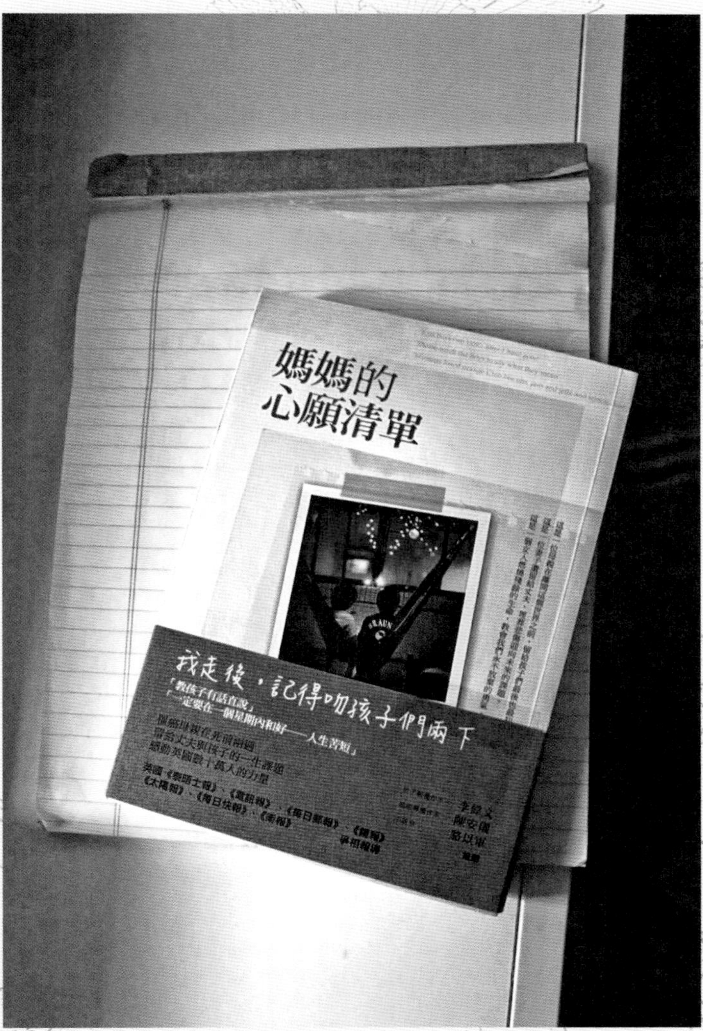
媽媽的
心願清單
我走後，記得吻孩子們兩下
「教孩子有話直說」
「一定要在一個星期內和好——人生苦短」
罹癌母親在死前兩週
留給丈夫與孩子的一生課題
感動英國數十萬人的力量
英國《泰晤士報》、《電訊報》、《每日郵報》、《鏡報》
《太陽報》、《每日快報》、《衛報》
爭相報導

## 寫作，是分享也是邀請

# 《我是一枝愛寫作的鉛筆》

——山姆．史沃普 Sam Swope

**我是一枝鉛筆**
**已經準備寫下我的人生故事。**
**I am a Pencil**
**ready to write my life.**

從人類還在樹上互相梳理毛髮開始，一直到在地面生活，每當夜幕低垂時，大家圍坐在火堆旁，彼此說些故事，這是維繫人類情感以便在物種競爭中存活的重要原因。然後文字發明了，人類的文明得以快速進展，知識與科技也得以傳承與累積，這幾千年來，文字對人類始終非常重要，我們使用文字來思考、書寫、作夢、盼望與祈禱，文字撫慰了我們的心靈。

不管是寫日記、寫信、寫文章，我們透過寫作邀請朋友——包括我們不認識的人、未來的人——加入我們的感受與體會，也許我們寫的只是生活細節與經驗，但是只要我們誠懇地書寫，自己的情感與靈魂也將融入其中，那些剎那記錄下來就會成為永恆。

我們也藉由寫作來思考，美國著名詩人佛洛斯特（Robert Lee Frost）就曾經這麼說：「我還沒開始寫之前，我怎麼知道我在想什麼？」的確，寫作是整理思緒最好的方法。

在這全球化快速變遷的時代，人與人的接觸頻繁而短暫，因此能夠清楚表達想法的寫作能力也成為競爭力的關鍵。美國曾經做過大規模的調查，發現寫作成績與整體在學的學習表現相關性最高，因此從二〇〇五年起，美國大學入學考試加考二十五分鐘的短文寫作。

寫作的確非常重要，為什麼現在的孩子每到作文課就哎聲嘆氣，提筆有如千斤重呢？說故事、與人分享不是人類自古以來的天性嗎？

我想，這大概是因為老師或家長不知道該如何引導孩子享受寫作的樂趣，人類樂於分享的天性被錯誤的方法與壓力抹殺了。山姆・史沃普在這本書裡透過他與學生在課堂的真實場景，示範如何讓孩子愛上寫作，並且透過寫作來思考與想像。

對孩子而言，寫作的確很不容易，雖然孩子天生的感受能力很強，也會胡思亂想，但是要用文字很清楚通順地寫出來，困難度是很高的。

──作家老師山姆的創意寫作教室
我是一枝愛寫作的鉛筆
山姆・史沃普 Sam Swope
超高效 14 學習術
I Am a Pencil
A Teacher, His Kids, and Their World of Stories
他們的作業，是發現一個新東西
他們的考試，強調要保持一顆愉悅的心
他們的創作，寫得精采的可以動員全班表演
這個教室裡，孩子不是在學寫作，是在享受寫作的快樂！
兒童文學作家／林良　格林文化發行人兼總編輯／郝廣才
慈心華德福教育實驗國民中小學校長／郭朝清　親子教育作家／番紅花──強力推薦
牙醫師、作家、環保志工／李偉文──專文推薦一般學校的作文課程，老師會出各式各樣的題目讓學生練習。我覺得可以用一些比喻來描述文章產生的過程：假如看了一部電影很感動，非常想跟別人講；或是被別人欺負，想寫一篇文章來申訴告狀，因為已經有滿腦子的情感與意見，也就是所謂不吐不快，這時候把它寫成文章，可以稱為「胎生」。假如老師出一個學生從來沒有經歷過、沒任何感覺的題目，而且規定要在一定的時候「孵」出一篇文章來，這就是「卵生」。另外一種是「卵胎生」，也就是定出一個學生原來沒有特別意見的主題，但是設計情境讓大家感受，甚至特地花時間經歷那個主題所需要的場景，於是擁有自己的體會，這時可以稱為「卵胎生」——題目由別人給，但是學生卻能蘊育出屬於自己獨特的情感。

要讓孩子喜歡作文，同時讓作文有真誠意切的情感，必須讓他們在日常起居作息中有「真正的生活」、「真正的感動」，當孩子對世界好奇、對生活充滿熱情，作文就是與別人分享快樂，不再是痛苦的功課。

# 大頭菜的自然筆記
# 《沒有牆壁的教室》
——范欽慧

**唯有人與人、人與自然產生更多情感鏈結與凝聚，才能在日益疏離冷漠的世界中，找回一份信心與希望。**

這本書的作者范欽慧，外號叫做大頭菜，因為她說她總是很菜，總是愛問：「為什麼？」或是瞪大眼睛喊著：「真的嗎？」外號在「荒野保護協會」裡我們是稱為自然名，每個荒野志工都必須取一個自然物當作自己的名字。

認識欽慧已近二十年，那時她在著名的平面媒體工作，到診所來採訪我，後來她帶著孩子加入荒野，也繼續在廣播、電視裡主持節目、拍紀錄片，還有寫書。

她的《海洋行旅》以及《跟著節氣去旅行》，還有《沒有牆壁的教室》，都是叫好又叫座的探索自然的書

欽慧讀的是新聞，後來還到美國學廣播與電視、電影製作，她主持的廣播節目以及

紀錄片，表現傑出，頻頻獲得國內各種獎項。

雖然欽慧具有媒體的完整訓練，不過她真正想從事的是教育工作，再加上對自然生態與歷史有興趣，於是這些年來，她結合專長與興趣，將自然生命與歷史文化的觀照融入她製作的廣播與紀錄片中。

我很好奇她怎麼能始終執著於理想，即便成家生小孩，還能帶著傻勁將一個個看似不切實際的夢想一一完成？而且她還自己帶孩子，並且親自餵母奶。

欽慧笑笑說：「我有一個好老公！」當孩子尚在哺乳階段卻遭遇拍片最艱困的時期，他的先生留職停薪半年，幫忙帶孩子。

欽慧也提到，小時候朋友們喜歡互相看手相，發現她的生命線很短，取笑她活不長。長大之後，雖然知道這是無稽之談，但是心中不知不覺感受到生命短暫的壓力，潛移默化成生命的態度，讓她能夠堅持做自己有興趣的事，也成為朋友眼中的理想主義實踐者。

欽慧的孩子荳荳一歲多時，她正在拍「公共電視」製作的《黑潮三部曲》紀錄片。在她拍片時，荳荳就在旁邊玩沙、玩水，不論在山野或海邊工作，她不但帶著孩子，而且堅持哺餵母乳。為了追尋黑潮蹤跡，她必須率領工作團隊走訪日本、菲律賓等地，其中會到菲律賓一些交通不便的疫區，對孩子是一大風險，所以她忍痛決定面對與荳荳出生後的第一次分離，同時讓孩子斷奶。

在黑潮的彼岸，欽慧經歷了非常難受的漲奶，結果竟然由菲律賓村落的小寶寶來解除她的痛苦。欽慧的情緒非常複雜：「我，居然千里迢迢來到菲律賓餵奶。而且這些素不相識的母親居然都信賴我，願意讓自己的孩子吸吮這股來自臺灣的莫名潮水。」

這是一則傳奇的隱喻，菲律賓是黑潮的源頭，欽慧卻在此地終結她的潮水。大海猶如母親，包容、溫暖，並且參雜著孕育生命的苦樂滋味。

花了二年多時間拍完《黑潮三部曲》後，她又花了三年為「公共電視」拍了八輯《重回海洋》（從九月起，每週二晚上播出），為了拍片，她走遍臺灣各個離島，看到臺灣海洋最動人的面貌，以及最讓人心疼的畫面。

這些年來，她處理了數百支海底拍攝影片，反覆看，查遍資料，勤快地詢問專家，因為必須對這些海洋生物非常瞭解，才能編排出動人精彩的故事。

她直到最近才真正開始潛水，真正看到了獅子魚、石狗公、克氏小丑魚、各種海蛞蝓時，她感動得快哭了：「牠們活生生地與我們生存在同一個空間！我發現牠們也正在看著我！」

沒有牆壁
的教室
沒有牆壁的教室

她憬然發現，過去這麼多年的準備，原來現在才是起點啊！

欽慧在筆記本這麼寫著：「我渡海而來，在落日的岸邊佇立，或許是因為夕陽太美，或許是感受到遠行的孤獨。過去幾年來，我已習慣打包，這個陪伴著我上山下海的大背包，長久以來都在家門口等候，這是它最適合放置的地點，配合我隨時的出走。有無數個日子，我揚起風帆，駛離了我的廚房與客廳，暫別了孩子騎腳踏車的中庭。我重回海上，在流浪中繼續尋找故事，尋找另一個起點。」

當我看著欽慧拍的紀錄片，聽著她的廣播節目，看著她的書，覺得她彷彿是童話中那位斑衣吹笛人，設法用美妙的笛聲，把人們帶離城市，回到人類心靈的原鄉。

## 用電影陪孩子度過情緒風暴期

# 《父子影痴俱樂部》

——大衛．吉爾摩 David Gilmour

**幫別人選片是一件很危險的事。**
**在某方面來說，就像寫信給別人一樣，你會透露出很多訊息，**
**會讓人看出你的想法，知道什麼事令你感動，**
**甚至有時還會顯示出你覺得這個世界是怎麼在看待你的。**

這是一本溫暖而令人感動的書，對我而言，更是心有戚戚焉。不過，我不像作者那麼倒楣與悽慘，我的女兒也不像作者的孩子那麼叛逆，會逃學、嗑藥；相同的是，我與作者一樣，每星期一定會陪孩子看電影，我從孩子小學四年級起就有這個習慣，至今孩子已經上大學了，仍然持續當中。

我們可能無法像作者一樣，對電影有那麼專業的知識，可以講出許多關於電影的掌故與拍攝製作的幕後故事，但是我們一定比孩子多了許多人生歷練，也有許多經驗想告

The
Film
Club
父子影痴俱樂部
有時，
一部電影就能解決所有問題。

訴他們，若是在看電影時，趁機分享自己的想法與價值觀，是最自然的時機，往往也能達到最好的效果。

對逐漸想獨立、想脫離家長束縛、愈來愈叛逆的青少年而言，父母親正經八百地訓話，不僅無效，通常還會有反效果。善用居家生活中最自然的休閒方式，挑部適當的影片與孩子坐下來專心地看，然後再觀影後的感動氛圍中，再分享父母的情緒或與影片可呼應的真實故事，也許不必講太多，就像作者所示範的，往往三言兩語就可以達到超乎預期的效果。

更棒的是，與孩子一起專心共享電影的次數多了，親子的親密感與信任度增加，孩子往往在看完電影後說一些平常不會跟父母講的心事。電影演的雖然是別人的故事，但是能夠引起孩子共鳴的部分，就是他們現在正在關心或憂慮的事情，家長也可以從孩子透露的蛛絲馬跡中獲得一些訊息，以便適時提供協助。

《父子影痴俱樂部》介紹了許多電影，我們從作者誠實的描述中，感受到身為父母的共同心情，隨著作者跌宕起伏的遭遇，我們陪伴孩子成長過程中的焦慮，似乎也得到撫慰與理解。

## 學會重新相信孩子

# 《心上的刺青：寫給相信生命能改變的人》

——葛雷格里．波以爾 Gregory Boyle

**我們可以教導彼此如何承受愛的光輝，協助彼此真正成為人，同時也找回自己。**

讀《心上的刺青》這本書時，好多次激動得掩卷。一方面被作者精彩又身歷其境的文筆所感動，一方面感傷，臺灣還有多少青少年像楚浮的電影《四百擊》裡那個孩子一樣，在大人誤解與嚴厲對待下，一步步走向不歸路。

我小時候家住萬華，讀老松國小，有許多同學的家長就是流氓，有一位甚至小學還沒畢業，就在全家遭遇黑道火拚時死去。因為我是班長，所以和班上五十多個同學都還算熟，幾位老師眼中的問題學生，在我看來其實一點問題也沒有，只要把他們當朋友，尊重他們，那些同學往往對人特別有義氣。

我看著作者葛雷格里．波以爾神父寫的故事，童年玩伴的身影又浮現心頭，真希望所有老師及家長都能看到這本書，它能提醒我們：找到對的方法與那些特別的孩子互動。

社會學的調查研究發現，大企業家、大冒險家或大政治家，與混黑道的流氓一樣，在青春期時都多少有些叛逆，因為滿足他們內心渴望或驅動他們的動力是類似的。他們有想法，敢於表達自己的意見，同時付諸實踐。相對其他敢怒而不敢言或人云亦云的孩子來說，這些特立獨行的孩子，不就是大人眼中叛逆的一群人嗎？

若是能同情並理解這樣的孩子，引導他們將精力放到對的方向，就會成為引領社會進步、帶來貢獻的精彩人物，若一昧地貼標準，嚴刻地對待他們，也許未來就成了反社會分子。

青少年大腦裡負責理性思考的前額葉還沒發展成熟，他們的行動與決策受情緒左右，不是他們不想做對的事，而是他們沒有辦法，因此非常容易被他們成長的環境影響。若是他們的家人、街坊鄰居都是反社會分子，那麼要孩子超脫環境影響是非常困難的。

除了環境的影響之外，為什麼那麼多孩子被誤解？他們的心聲為什麼不容易被聽見？

我常常提醒父母師長，孩子的感受力很強，但是表達能力很差（我所說的表達是指大人習慣的言語敘述）。感受力強是來自於物種演化過程賦予的天生能力，因為物種要在危機四伏的世界存活是很不容易的，必須時時刻刻注意周邊是否有敵人出現，必須到處尋找獵物填飽肚子，所以經過演化淘汰後，物種天生對周遭環境變化有敏銳的感受。

人除了擁有逃避敵人與覓食的能力之外，因為是群居動物，所以也演化出「鏡像神經元」，讓我們可以透過模仿來回應出現在我們周圍的人事物。這種天賦的感覺能力，使得古往今來有許多民間傳說認為孩子可以「看見」大人看不到的東西。

隨著成長，孩子逐漸把絕大部分心神用在讀書識字，以及語言溝通等後天的認知學習，先天的敏銳感知就逐漸消失了。作者在書中以無數例子不斷提醒我們，這正是親子溝通障礙的主要原因。

許多青少年曾表示，如果父母知道他們與同儕互動的情況，一定會嚇死。當然，驚訝不全然是負面的，而是父母眼中天真無邪的乖孩子，其實遠比我們想像的成熟，也懂得許多我們不瞭解的事情。

對於十多歲的青春期少年，父母的態度常常很矛盾，早上嘮叨著：「都這麼大了，還不知道自己的襪子放在哪裡？」到了晚上看電視新聞時卻又變了：「你還這麼小，小

Tattoos on the Heart:
The Power of Boundless Compassion
心上的刺青
寫給相信生命能改變的人

心外面有很多壞人！」

在父母眼中，十六、十七歲還是毛頭小孩，可是唐太宗李世民鼓勵他父親叛變隋朝，並且率領大軍打下大唐江山時也才十七歲；經過多年征戰，最後建立橫跨歐亞非大帝國的亞歷山大，當時也不過二十多歲。

現代孩子因為物質愈加豐盛，不管生理體格發育、知識累積能力都比古代人強，可是以前十多歲的人可以做很多事，而現在家長卻認為他們還是必須受保護的孩子。

我們要信任孩子，另一方面也要更有耐心地體察孩子的心情，不要武斷，甚至粗暴地認為孩子不懂事，孩子就是調皮愛搗蛋。葛雷格里神父寫下多年來從被「妖魔化」的年輕人身上看見的動人故事，告訴家長要學會重新相信孩子，給孩子自我成長的機會。

## 困在地球的外星人類學家

# 《柯林費雪：非典型少年社交筆記》

——艾許利・愛德華・米勒Ashley Edward Miller、柴克・史坦茲Zack Stentz

**如果你是老師，我會證明你教的不對。**
**如果你是被誤解的壞孩子，我會證明你的清白。**
**我是高功能非典型少年，歡迎來到我既偏執又冷靜的世界。**

最近這些年出版了不少有關「亞斯伯格症」的書或影片，但是大部分是自傳或紀錄片，雖然可以讓大眾瞭解這個疾病，但是會閱讀傳記或紀錄片的孩子畢竟不多，因此也比較不容易產生同理心，進而接納班上罹患此症的同學。

幸好有了《柯林費雪》這本精彩的小說，這本書以青少年為對象，而且用類型的推理小說為包裝，生動地描述了亞斯伯格症患者如何看待這個世界。

許多我們習以為常的人際互動，或毫不費力可以學得的情緒反應，對他們而言，卻是極為困難的挑戰，難怪有人形容他們是「被困在地球的外星人類學家」——雖然外形是地球人，卻必須理智地研究屬於人類的行為與表現。

因為亞斯伯格症會「展現不合宜的臉部表情」，再加上人際溝通的障礙，往往被認為傲慢自大、冷漠、不友善、騙子，甚至是潛在的變態殺人凶手與反社會分子。

不過，也因為亞斯伯格人的大腦發展與神經傳導的特異模式，使得他們有極端的專注力，這種稀有天賦讓他們有快速學習的能力，同時因為絕對的理性與邏輯要求，他們對於工程、機械方面，往往展露出令人驚異的天才。

不過也就是因為這種理性思考，以及只能講實話的模式，造成他們與一般人的溝通障礙。比如，他們知道人們開心時才會笑，因此當他看到不為什麼事卻發笑的人，就會覺得那個人有問題，他們的絕對理性讓他們無法瞭解「正常人」可以口是心非，也無法體會人們在聊天交際時，著重的是感情交流，一般的問候對話不總是按邏輯進行，他們碰到這種狀況就會卡住，無法進行下去。

幸好在醫學愈來愈發達的今天，尤其腦神經科學的進步，我們已經愈來愈能辨識與分類各種心理特殊症狀，例如情緒、學習等障礙，以及妥瑞症、亞斯伯格症等。除了找到這些症狀的可能成因，發展出各種治療方法，並且瞭解只要放對位置，就能讓他們的能力適當發揮，就像柯林．費雪擁有卓越的推理能力，帶給自己及周遭朋友許多協助。

透過這本書，當我們能從亞斯伯格人的視野，望向我們原本習以為常的生活時，將滿懷感激，重新看待我們與周遭朋友的日常應對，也體會到以更開闊的眼光來看待這些人，在瞭解與接納之後，陪伴他們找到可以發揮特質的環境。

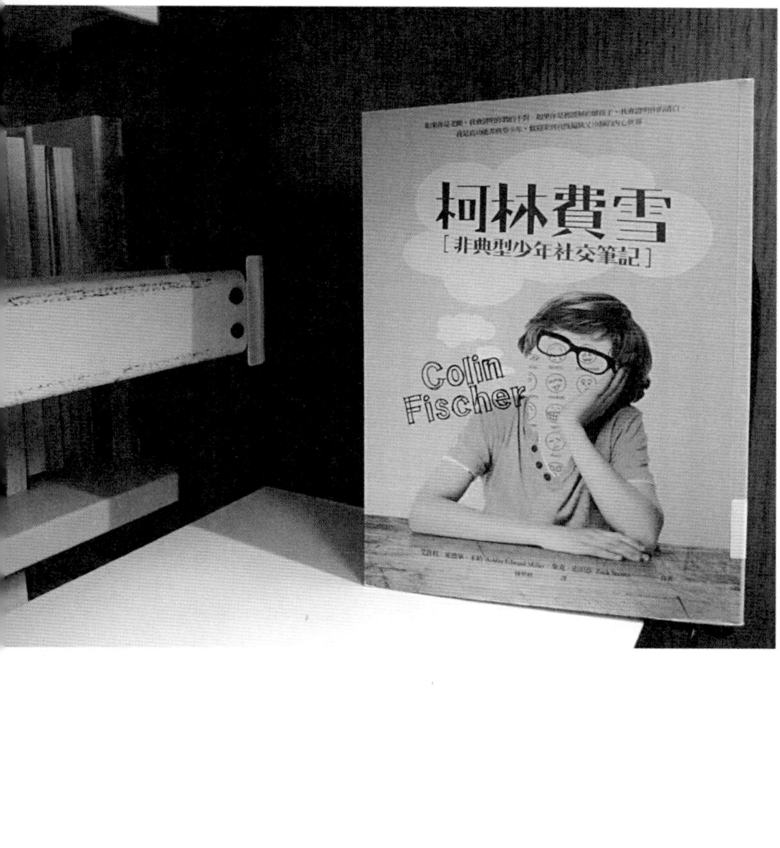

## 是挑戰，也是機會

# 《闖世代》

——詹姆士．馬歇爾．瑞利 James Marshall Reilly

**每次失敗都提供了一個方向，並且讓事情變得更清晰。當舊路都行不通時，你得靠自己去發掘……這就是我們身處的「闖世代」。**

我們已經進入人類從未經歷過的新時代，我們必須承認，全世界面對的高失業率，並不是政府無能造成的，或某個地區的特殊狀況。我們要務實地看清楚，那些消失不見的工作，再也回不來了，至少不能期望目前掌握權力與資源的「大人」提供給年輕人，因為他們成長在舊時代，能理解與想像的工作職缺已隨著時代變遷消失了。

就像《闖世代》作者詹姆士．馬歇爾．瑞利一再提醒的，傳統工作消失或低薪化也許是個危機，但從另外角度來看，新時代是全球化、無疆界、高獲利、既環保又慈善的新經濟型態，勢必創造出嶄新的工作、生活方式，以及新的成功機會。

在舊時代，學歷很重要、知識很重要，只要畢業自明星大學，這樣的優勢可以讓職業生涯一輩子平安順遂；當時學校的任務也是確保我們離開學校之後，能具備一定的知識與技術，以便立刻到公司或工廠上班。

可是在這前所未見的新時代，一切說得出標準作業流程的工作都不值錢了，因為可以外包到薪資便宜的地區或國家；進步的通訊與自動化科技，讓既有知識或技術愈來愈不值錢；即使擁有傑出的學位經歷，在全球化之下，愈來愈多人才競爭愈來愈少的「傳統」好工作，學歷優勢愈來愈不足以憑藉。

站在時代轉換的渾沌時刻，我們該何去何從？或許可以從新的工作經驗、新的典範窺見時代發展的趨向，這就是作者寫這本書的動機與貢獻。為何要為那些已消失的工作擔心憂慮呢？年輕人要有信心闖出全新的時代。

作者不斷提到「熱血」兩個字，沒錯，這是在新時代存活的關鍵字。在舊時代，只要我們循規蹈矩，依著前人的腳步考上好學校，獲得好證照；只要我們夠聰明、有能力，就可以獲得高薪的工作，而且即使不太喜歡那個工作，也可以一輩子待在職位上。可是時代變了，許多行業會消失，許多工作型態會徹底轉換，我們已經進入一個「一百分的失敗者」時代，我們被淘汰，喪失工作，不是因為做錯事情，或不夠優秀、不夠努

Shake the World
It's Not About Finding a Job,
It's About Creating a Life
闖世代
就用熱血打敗全球倦業潮吧！
別再嫌他們缺乏競爭力！
別再怪他們眼高手低！
他們只是想做：
「讓世界變得更好」的工作
James Marshall Reilly

力。在一切不確定的時代，唯有找到自己生命真正的熱情，依循著熱情往前走，才有可能不斷學習、不斷努力，即便遭遇失敗也能鼓起勇氣，往前邁進。

在高學位人才過剩的時代裡，你有學位，別人也有：你很優秀，別人也很優秀，唯有找到自己熱情之所在，才能夠讓我們投入的每一分努力、花費的每一分時間，以及無數的汗水，都像是享受，如此才能夠比別人傑出。

當我們做自己真正喜歡做的事，遭遇的每個挫折與失敗，就不再是打擊信心的致命傷，而會被視為必然的學習歷程，這兩種不同心態形成的差異非常大。在新時代裡，安穩不變的工作已經不存在，唯有憑藉熱情，才能夠以長期累積的實力，產生真正的貢獻。

我很同意作者所說：「因為年輕，所以沒什麼好失去的，犯錯的成本很低，為什麼不去闖一闖呢？」或許不要一直想著求職這件事，而是想清楚自己想過什麼人生？想為社會做些什麼事？這本書可以讓每個年輕人，甚至那些搞不懂新時代的中年人，仔細思考該如何迎向這個「闖世代」。

## 進入哲學思考的入門書

# 《蘇菲的世界》A賞

——喬斯坦・賈德Jostein Gaarder

**在晴天的夜晚，我們可以看見幾百萬、甚至幾千億年前宇宙的面貌。**
**所以，我們可以說正在回家的路上。**
**仰望天空時，我們其實是在試圖找尋回到自我的路。**

跟著蘇菲的腳步，我就這麼栽進哲學世界。

柏拉圖的「洞穴理論」帶給我疑惑與驚訝。為什麼那位穴居人發現美麗與驚奇的真實世界後，卻願意重返黑暗洞穴，苦口婆心地奉勸同伴們離開？又為何待在洞穴裡的人不敢放膽嘗試，仍拘泥地選擇留在處處影像皆由投影所形成的洞裡，甚至殺了前來告知的同伴？

跟著蘇菲的腳步，我從古到今遊歷一趟西洋哲學史。

「最具顛覆性的人就是那些提出問題的人，而回答問題則較不危險。任何一個問題都可能比一千個答案更具爆炸性。」

「……他悟出了一個道理：有一件事情必是真的，那就是他懷疑。當他懷疑時，他必然在思考……」

「……宇宙根本沒有絕對的中心，因此，每個人都是中心……」

每個哲學家皆think different，思考別人不曾想過的問題，堅持他們認為對的事。哲學家對細微事物有靈敏且執著的觀察，並提出讓世界更美好的觀點。雅典這匹鈍馬，有蘇格拉底這隻牛蠅來叮咬，讓這個城邦具有活力。法國、荷蘭與瑞典的的冰天雪地，有笛卡爾來燃燒，因為「我思故我在」所以他認為：在興建屬於自己的新房子以前，他想清除房屋基地上的舊瓦礫，「知識應該打破後再重建」！而英國大哲康德有休姆來啟發，休姆也許是佛陀的化身，他也認為沒有什麼東西屬於我，也沒有東西是我！唯有真實的感官體驗才能使他信服。

回到柏拉圖的「洞穴理論」，或許人的一生就是走出洞穴的過程，從無知的泥淖爬出來、從狹隘的視野走向寬闊，不斷地修煉、磨練自己。永遠保持蘇格拉底「我只知道一件事，就是我一無所知」的態度，虛心接受自己的無知，不斷追尋更寬廣、更深邃的天空。

蘇菲的世界
Sofies Verden
Jostein Gaarder
蘇菲的世界
Sofies Verden
Jostein Gaarder

在賈德的妙筆下，我與蘇菲上了堂好長的哲學課。在怪伯伯的潛移默化中，重拾與生俱來卻又隨年齡消逝的好奇心，參與了中世紀的黑暗與醞釀、文藝復興的重生與喜悅、巴洛克的熱力奔放。

倘若你從未思考過這世界是怎麼一回事，史賓沙諾會磨著鏡片悠悠地道：用「心」的眼光看世界！該是靈魂起床的時候！

## 別以為你的時間還很多

# 《20世代，你的人生是不是卡住了》

——梅格．潔伊 Meg Jay, PhD

A寶

**大致來說，二十～二十九歲的重大時刻決定了我們的人生，而當它們發生時，我們不一定知道。**

六月份，我們去了西伯利亞朝聖西伯利亞鐵路。在漫長的鐵路時光中，我們一群同行之人彼此間有了深刻的對話。宜真姊姊在觀察我們多天行為處事與價值想法後，問了我們四個十八歲的「青年」：「如果要你們填空，說你們是××世代，你們會怎麼填？」

討論結果，那兩個××是「浮萍」，我們是浮萍的世代。我們這個世代，全球化帶來豐沛的資訊，多元複雜的社會提供我們更多機會與可能思考適合自己的方向，我們獲得極高的自由與選擇，卻常對未來感到茫然，故稱浮萍的世代。太多的機會與選擇，我們不知道要怎麼辦，只好像浮萍一樣飄來飄去，一下得提高競爭力，一下為了全球化煩惱等。

回來臺灣後，偶然看到這本驚為天人的警世勵志書。《20世代，你的人生是不是卡住了》作者梅格．潔伊是一位臨床心理學家，擁有豐富輔導的經驗，帶領年輕人走向「正確一途」。她記錄曾經輔導過的故事，希望為讀者帶來改變。這本書企圖進行三項大改造：「工作觀大改造、愛情大改造、腦部大改造」，希望年輕人能在二十～二十九歲先規劃好自己的未來。

這本書好看的原因在於，書裡不用宣傳教條的死板論述，也看不到過度佳句包裝，讓離二十歲還有兩年的我，看了無負擔，輕鬆愉快。書裡盡是一則則研究與真實故事，看了津津有味，引用很多研究案例，對我來說非常新奇，例如：「弱連結」的觀念。

「強連結」指的是至親好友，「弱連結」指的是點頭之交。作者指出，強連結通常跟我們很像，感受到的喜怒哀樂，甚至是面臨的困境也一樣，所以除了同病相憐，能給的幫助不多。而弱連結因為不在我們封閉的交友圈裡，所以能引領我們接觸新事物。另外，和弱連結交談時，因為彼此沒有那麼熟悉，我們必須把話講得更清楚，被逼著把話說得更完整，甚至改變自己的思維。雖然我沒有體會過弱連結的力量，但是，看到這段新知識讓我雀躍不已！

這本書很適合迷惘的高中生看，也很適合二十～三十歲的青年看，裡頭談到的「愛情大改造」也令人眼睛一亮喔！

# Chapter 2

# 凝視典範，找到黑暗世界裡的燈火

## 照片的閱讀

# 《南風》

——鍾聖雄、許震唐

# 《尤金・史密斯》

——尤金・史密斯 W. Eugene Smith

**平常老是叫我浪漫派的人，都是由於他們在生活中嘲諷憤世，並受盡挫折，所以什麼也信不過了，而當我堅持信念時，他們就稱我為浪漫主義者。**

當你忙了一天，很累，但還不到上床睡覺的時間，沒有精神體力看書，也不想浪費時間看電視，手邊又一時找不到適合的電影，那麼你會做什麼事？通常我會看相片，看攝影集。

雖然在網路盛行之後，坊間已經沒有多少出版社敢出攝影集，但幸好最近發現了一本值得收藏的照片書——《南風》。大開本，一百九十一頁的黑白相片集，圖片之間穿插了不少文字說明，為我們紀錄臺灣人都該知道、並且不該被遺忘的故事。

彰化大城濕地經過長達數年的抗爭，不蓋八輕（也就是國光石化），但是住在這個地方的人仍在受苦，因為一溪之隔的六輕仍在運轉，只要南風一起，他們就遭殃了。

作者許震唐送給我的書的扉頁，題著一句話：「土地是有生命的，土地若死，人也會沒命。」他正是彰化溪州人，在序裡寫：「二十多年來對故鄉的紀錄，經常在拍完後又回來造訪時，已無法透過觀景窗再度看到這些人。滿滿說不出口的感慨總是不斷地發生，只好在這故鄉不斷走行拍照。」

二〇一三年誠品書局曾對數十家分店全體工作人員發下問卷，其中一題：「你最想推薦的一本書？」《南風》是第一名。我在很多個夜晚翻閱這本書，不知不覺又想起年輕時，在同樣的夜晚，翻閱著《尤金．史密斯》攝影集時的印象。

尤金．史密斯是身世坎坷的攝影大師。十四歲到地方報社任攝影記者，大學只念了一學期就休學，到《新聞週刊》任職，但沒幾個月就離職（因為他不肯用大相機拍照），之後做了近十年自由攝影工作，然後在一九四六～一九五五年間在《生活雜誌》專任攝影。他在二次大戰拍的戰場照片，很多成為經典之作，他很有個性，表現在作品創作上可以說擇善固執，但是在與人際關係上就相當令人受不了。他曾說：「我不能忍受那些混帳展覽會，盡在博物館的牆上掛著乾乾淨淨的小框子，使得那些影像看起來只是藝術的零碎片斷，我要自己的作品成為生活的片斷。」

他和日裔美籍的太太結婚後，在日本度蜜月時，得知日本水俣這個小漁村，當地的漁民因為飲用了一家工廠的廢水（含汞，即水銀）而終生癱瘓。（現在水銀中毒的專有名詞是「水俣症」）。

史密斯在水俣租了一個房間，前後二次共住了四年半，與村民過同樣的日子，成為他們的鄰居、朋友，而不是一位旁觀的新聞記者。為了拍攝這個主題，他被工廠派的打手差一點打死，在醫院療傷住了好幾個月，最後還殘廢，然而他仍不屈服，在一九七二年將深入報導發表在《生活雜誌》上，引起全世界對公害的重視。

後來，他因為早年在戰場被炮彈炸傷（手術取出一百多塊碎片）的舊傷加上在水俣被打的新疾，一下子拖垮了身體，沉寂多年在鄉下療傷。當他覺得逐漸康復，打算重新拍照時，卻過世了。

史密斯拍了那張智子洗澡的相片（世界著名經典作品之一）時說：「……眼見這個畫面構成我想說的東西，是這樣的感人，我覺得淚眼模糊，簡直難以按下快門，然而我畢竟拍了。那是一張絕頂浪漫的相片，我自問，什麼是你個人一向最信守的哲理？是人

南風
鐘聖雄・許震唐
尤金•史密斯
(W. Eugene Smith)

性。我要堅持自己這個意見，並傳給沒有意見的人。」

曾有記者問他：「人們稱你為浪漫的理想主義者，你對這個稱呼作何感想？」他回答：「我不曉得那是什麼意思，平常老是叫我浪漫派的人，都是由於他們在生活中嘲諷憤世，並受盡挫折，所以什麼也信不過了，而當我堅持信念時，他們就稱我為浪漫主義者。」

看著許震唐與鐘聖雄合著的《南風》，雖然黑白相片與網路上充斥的美麗風景照相差很多，但我認為他們才真正是浪漫的人。

## 神聖的不滿足感

# 《一枝鉛筆的承諾》

——亞當・博朗 Adam Braun

**「世界上你最想要的是什麼？」**

**「鉛筆。」**

**他攤開一無所有的手，眼神充滿渴望看著我。**

**但我想填滿他掌心的不只是一枝鉛筆，更是讓他們親手繪出未來的承諾……**

對於夢想，用嘴巴講很容易，但是願意為它投入自己整個人生，則很困難；行有餘力去實踐理想也不難，當面對巨大誘惑與壓力仍能堅持到底，就難能可貴了。

我常常想，到底什麼樣的啟示與力量，可以讓一些像亞當・博朗這樣的年輕人，有勇氣對抗同儕以及親密的家人，做出與其他人不一樣的選擇？

亞當在一趟差點出意外的海上旅行中，真正感受到生命的存在，然後在東南亞偏鄉之旅中與老人相遇得到啟示，又因為一個孩子選擇一枝鉛筆作為最想擁有的東西而震

一枝鉛筆的承諾
The Promise of a Pencil
How an Ordinary Person
Can Create Extraordinary Change
我問男孩：「世界上你最想要的是什麼？」
「鉛筆。」
他攤開一無所有的手，眼神充滿渴望的看著我，
但我想填滿他掌心的不只是一枝鉛筆，
更是讓他們親手繪出未來的承諾……
亞當・博朗 Adam Braun——著

撼，他把握了這些「天啟」，成為生命蛻變的時刻。

在《一枝鉛筆的承諾》書中，我們看到亞當年紀輕輕就有這麼深邃的人生體會。這個時代有許多長不大的孩子，我總覺得孩子不會因為年紀變大，就自動變為成熟的大人，應該要給他們機會去經歷冒險。青春熱情不會理所當然存在，而要流汗、流淚，撞擊自己的生命才能產生。

在書中，亞當每段生命歷程都以一句「真言」作為標題，是他面對大小抉擇時的引路記號，也已經化為奉行的真理。人是需要座右銘來提醒自己的，這些反覆背誦，隨時出現在我們眼前的「真言」，會在潛意識中影響著我們，使我們在困頓沮喪時重新振奮起來，在得意忘形時作為當頭棒喝，得以用較清醒而覺知的方式審視自己。

亞當這幾年憑藉著信念，付諸無比熱情，佐以謙虛為懷的學習態度，在短短幾年之內，創造績效卓越的世界性非營利組織。他無私地分享了所有的方法與技巧，非常值得有志獻身公益團體的夥伴當作參考，當然，除了有形的組織發展策略之外，亞當也一再提醒我們，獻身之初，那個最單純初衷的重要性。

美國的海波斯牧師（Bill Hybels）曾觀察一個人成長蛻變的重要時刻，他稱為「神聖的不滿足感」——有些人在某些特殊情境下，產生「此事非我不可」的體會，並且願意行動與參與，這些努力與經驗往往改變這個人的一生，往更美好與有意義的人生邁進。

美國教育學家威廉・戴蒙也發現，近代許多年輕人喪失了追尋生命的活力，也許物質環境很好、學歷很高，但是對社會冷漠而疏離，或是憤世嫉俗只會罵而不想現身參與。如何讓這些被卡住的年輕人重新獲得前進的力量，恐怕是當代新的課題與挑戰。

威廉・戴蒙（William Damon）的研究與調查發現，願意參與有意義活動的年輕人，他們能夠集中力氣實踐自己的夢想，大多在青春期經歷過以下幾個美妙的時刻：

一、曾經與家人之外的人有啟發性對話。
二、發現世界上有某些很重要的事可以被修正或改進。
三、體會到自己可以有所貢獻，並且形成一些改變。
四、獲得家人或朋友支持，展開初步的行動。
五、透過行動有進一步想法以及獲得所需的技能。
六、學會務實有效率地處理事情。
七、把從行動所學習到的技能轉換到人生其他領域。

我誠摯地盼望臺灣年輕人看完這個真實故事後，也能如亞當一樣找到自己的「天命」，找到可以有所貢獻的人生目標，建構自我價值與意義追尋的脈絡，也希望有機會陪伴孩子的大人與師長，都可以成為給孩子帶來人生啟示的貴人。

## 探索生命的渴望

# 《在海角天涯相遇》

——林心雅、李文堯

**在人生不同階段，我們都有不同的夢想。**
**夢想可大可小，也從不嫌晚。**
**如能因而活出自我，過得歡喜充實，**
**那麼，又何必在意別人不解的眼光呢？**

阿拉斯加被稱為「地球最後的邊境」，看著林心雅與李文堯賢伉儷在極境荒野裡的紀錄，不禁想起哲學家唐君毅所寫的一句話：「在遙遠的地方，一切虔誠終必相遇。」不管是遙遠如阿拉斯加，或者近住家附近，我們皆必須懷抱著虔誠之心，才能遇見來自我們生命中的渴望。

這本書搭配許多精彩圖片，或許會誤導大家，以為這是嚴肅枯燥的自然圖鑑，但書裡五段旅程，除了帶給我們許多鮮為人知又有趣的生態知識之外，每趟歷險也都是與一個精彩生命相遇的過程，不管是在極地餵了三十年白頭海鵰的神鵰俠女珍・金恩，還是在露絲冰河蓋山屋的飛行員歐爾頓，一個個都是不同的生命典範。

我翻閱著書稿，當時讀中學的雙胞胎女兒ＡＢ寶看我不時露出會心微笑，忍不住好奇地湊過來瞧我到底在看什麼？我把已看完的部分拿給她們，也找出了心雅之前出版的《來自大海的朋友象鼻海豹》這本書。

ＡＢ寶一邊翻看，一邊羨慕地問：「哇！他們怎麼這麼好，可以到那麼多地方去探險？」

我放下書稿，專心地跟她們討論：「這不是能不能夠，而是願不願意的問題，假如你真心渴望做一件事，只要有足夠的熱情，那麼其他所需的條件都是可以克服的。」我想到最喜歡的自然作家黛安・艾克曼（Diane Ackerman）在《稀世之珍》這本書中寫到，她在拜訪短尾信天翁途中遇到一對夫妻，先生是建築師，太太在金融業，每天規律地生活，可是有一天先生忽然對自己說：「等我六十歲時，我將回首前塵，自問這一生做了什麼。沒錯，我有一份工作，有一些財產，但是我到底做了什麼？」想到這，他們夫妻倆就放棄一切，變賣房子，買了露營車，開始環遊世界，走訪全世界的海鳥棲地，打算為世界留下有關海鳥的記錄。

在海角天涯
相遇
Special Friends in Alaska

聽到這兒，ＡＢ寶安靜下來，若有所思地繼續翻閱我拿給她們看的書稿，我希望透過心雅與這些人，與白頭海鵰、麝香牛、馴鹿、海象、海獅、海豹、極光、冰河相遇的故事，在她們心中埋下將來會發芽、成長、茁壯的種子。

心雅與文堯在天涯海角與眾多生命相遇，他們都視其為生命中的貴人。的確，我也是這麼看待，年齡愈長，愈來愈相信機緣，也愈來愈多驗證讓我不敢輕忽這些生命中冥冥的安排。若你活在當下，你很敏銳，會體會到：任何與我們相遇的人事物，一定帶給我們某些訊息。假如我們感覺不到，或許是生活不夠用心，或許是太隱藏、太保護自己。

總覺得在浩瀚的宇宙、漫長的時間中，能在這一剎那交會，與我們相遇的一切事物，都不可思議，都必須累積許多緣分才能成就此等機遇。

這世間所有的相遇，都是久別重逢啊！

## 看見地獄，才能找到天堂

# 《來自天堂的微光》

——阿布

**每個地方都可以看見魔鬼的影子，**
**而只有勇敢面對它，才有可能發現來自後方天堂的微光。**

這是不平凡的非洲行醫紀錄，作者阿布不希望將這段經歷變成在非洲救苦救難、賺人熱淚的書，誠如他所說：「這只是一本一個剛大學畢業、到非洲服役短短九個月的年輕醫師的紀錄。」作者經過多年苦讀，剛剛拿到醫師執師，就到陌生的非洲大陸待了九個月，每天在必須面對許多患者死亡的病房。不管從醫者身分或是初到新國度的角度來看，都是讓人最有感觸的階段。

記得張其萬教授曾回應學生的問題：「如果只能有一個答案的話，請問您做一個好醫生最重要的條件是什麼？」他回答：「對人類受苦的敏感性。」的確，好醫生不只能緩解患者痛苦，也能讓他們感受到關懷，使他們更能承擔病痛。當一個醫生每天要看幾

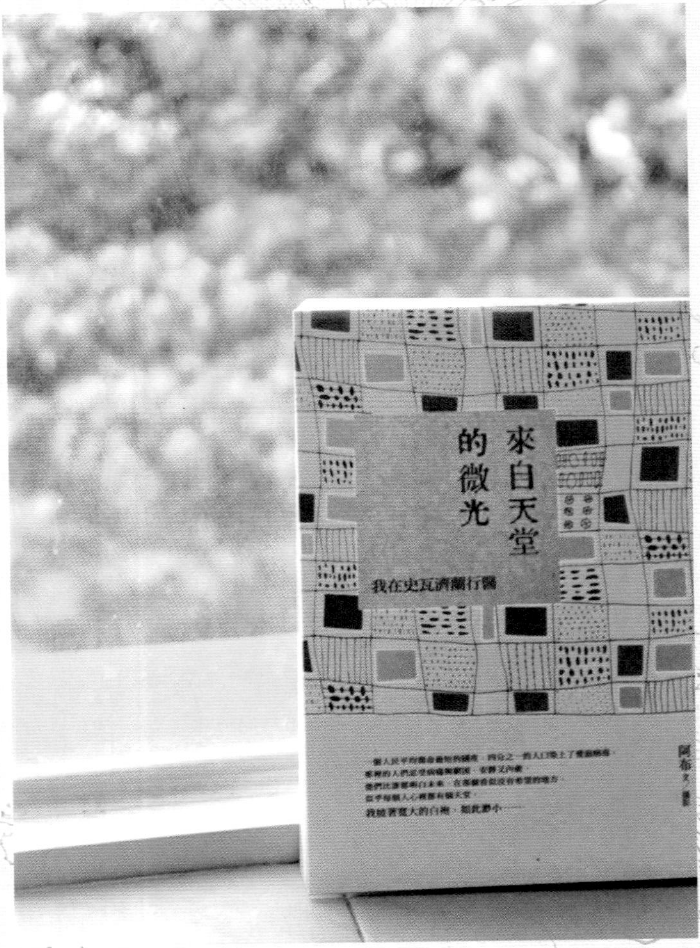
來自天堂的微光
我在史瓦濟蘭行醫
阿布 文・攝

十個病人，年復一年、日復一日，若是太過敏感，恐怕很難有那麼大的能量來承擔。這也難怪醫生當久了，逐漸只能冷靜地面對疾病，不敢碰觸患者的內心世界。

剛當醫生頭幾年是最有感受的，能時時刻刻體會到醫生是一種特殊的行業，就像醫學前輩王溢嘉所說：「醫生和神職人員一樣，具有很濃厚的獻身意味，神職人員盜取了天國的奧祕，醫生則盜取了生命的奧祕，他們均逾越了人生的某種範圍，而必須為此付出他們的許諾與誓言。」這種承擔正是作者體會到的「永恆的劫難與印記」。

對於陌生國度的瞭解與感受，居留時間太短則認識不足，太長卻又容易習以為常。阿布選擇到了史瓦濟蘭，因為那裡有四分之一的人口罹患愛滋病，在沒有資源及適當治療下，死亡人數將全國的平均壽命拉低到三十來歲。作者待的內科病房大多是愛滋病與結核病患，這兩種我們似熟悉卻又陌生的病。

我們跟著作者不斷面對著挫折、面對人的無能為力，很多時候我們沒有答案，正如很多疾病根本不知道是什麼原因造成，有很多疾病是無藥可醫的，所以我們面對人生必須謙虛。

每個軟弱困惑、懷疑不安的時刻就如身處地獄，唯有我們看見恐懼的地獄，進而同情與理解時，才能找到內心的天堂。

# 因為懂得，所以慈悲《後山怪咖醫師》

——李惟陽

**從急診處、綜合治療中心到加護病房，地板、牆壁上都是他噴的血跡。來補拿死亡診斷書的姊姊幽怨地告訴我，他死前，除了哭訴對不起離去的前妻，還一直喊著我的名字。**

這是本非常精彩的書，但是卻很難歸類，這都全得怪這位怪咖醫生。書裡每個故事像小說一般扣人心弦，叫人拍案驚奇，可是我們卻知道這些都是真實的事件。若說這是一個醫生記下行醫過程所感所悟的生命故事，文中卻很自然而然地寫出許多醫學知識，與民眾生活作息密切相關的飲食消化道問題，在生動的故事中不知不覺就解答了。

這實在是因為李惟陽說故事的功力太強了，簡直像古代說書人一般，幽默與戲劇性的懸疑氣氛，讓我們彷彿跟隨著他坐在時光機上，進入一幕又一幕生動逼真的人生現場。故事與對白幾乎不用太多改寫與更動，就可以變成電視連續劇的劇本，搬上銀幕，可媲美《急診室的春天》或日劇《救命病棟24小時》。

說李惟陽是怪咖應該沒錯，他不只醫術精湛，想盡辦法解決病患的痛苦，更難的是他有一顆體貼患者的心。雖然我們常常以「視病猶親」來形容許多醫生，但真要做到是非常不容易的，難在你必須離開醫師白袍的保護罩、離開診療間，進入一般民眾的生活場景，貼近他們喜怒哀樂與痛苦徬徨的心靈，才能夠談得上視病猶親。

李惟陽做得到這些，除了他的孩子安安生病過世，有過身為病患家屬的體驗之外，他從年輕時就喜歡登山，走遍各原住民部落，對各民族的語言與文化有濃厚興趣，幾乎成為他另一項專業。這在多種族融合的臺灣，實在是取得患者信任與親切感的「絕技」，看他如同相命仙一樣，鐵口直斷患者的祖先從哪裡來，住在哪裡，從事什麼工作，讓我也像他的患者一樣，佩服得五體投地。

這本書的十多個故事，簡直是臺灣豐富又奇特的真實寫照：從事法拍屋買賣的黑道大哥、喝酒喝到肝硬化的鎮長、嫁到西班牙的原住民、愛上西洋登徒子的眷村女子、移民到美國卻返臺看病的小氣臺灣人、世代務農老人、講話夾著英文的鋼琴老師……這些人真實地活在我們四周。

在這一本《後山怪咖醫師》之後，李惟陽又寫了《熊吻・裸奔・CPR》，描述他在

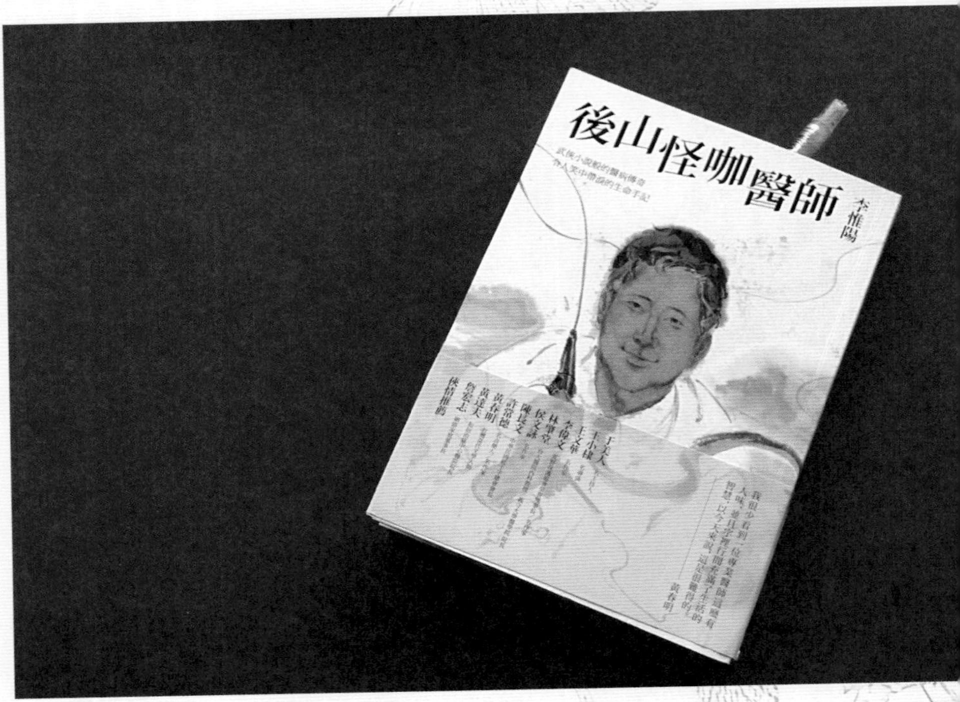
後山怪咖醫師
李惟陽

世界各地旅行開會時遭遇的神奇經驗，這些屢屢九死一生的境遇，不禁令人擊節讚嘆！

書裡最令我有共鳴的是他笑中帶淚、面對生命無常時顯現的豁達，他因為懂得人的脆弱與堅強，所以呈現的慈悲與大愛，以及他如何在醫院各科壁壘分明的領域中，尋求突破的努力。

因著他的悲憫，能當他的病人是幸福的；因著他的好奇與文筆，我們能夠沒病沒痛的，只當他的讀者，這就更幸福了。

## 半農半×臺灣版的實踐

### 《鯉魚山下種房子：假日農夫奮鬥記》——陳寶匡

### 《在天涯的盡頭，歸零》——褚士瑩 B寶

**人生，需要的是平衡。壓力之後的大口呼吸，更顯得有意義；光鮮白領之後的揮汗勞動，更顯得身心健康；為民服務之後的自我實現，更顯得生命有價值。**

隨著年齡愈長，忙碌的工作與行程間隙時，腦海裡就浮現由三毛作詞的歌曲〈夢田〉：「每個人心中都有一個夢，每個人心中都有一畝田，用它來種什麼？種桃種李種春風……」

我知道不只我有這個夢，因為許多朋友退休後真的到鄉下買了農地，開始當起農夫。好多人買地蓋了農舍後，才發覺當農夫很辛苦，於是半途而廢，農地荒廢，更可惜

的，他們為了省事，把農地鋪上草坪或改成水泥停車場，若是這些擁有田園夢的朋友都能先看到《鯉魚山下種房子》就好了！

我非常認同作者陳寶匡「平衡」的人生觀，有時候該積極努力，有時候該無所事事，若為了實踐田園夢而當個全職農夫，為了收成與營收可能產生另外的煩惱，若仍保有養家活口的正職，只當個假日農夫，在沒有經濟壓力的情況下，即便只在假日揮汗勞動，也足以接近土地與生命，體驗更寬廣的人生。

這種一半上班一半當農夫的生活，是日本前些年開始流行「半農半×」的新概念，也就是花一半的時間做農夫，種自己吃的菜，另一半時間找到自己的生命職志，貢獻社會。我們從寶匡詳實的紀錄中發現，真的可以過著不再被物質文明綑綁，回歸人類本質的生活。

寶匡有正職工作，因此可以用較自在的心情，讓原本是香蕉園的一千二百坪果園，慢慢變成生態豐富的生機花園，裡面有溪流、生態池、多樣的果樹，有稻田、香花植物、大樹，那裡變成各種昆蟲、生物的便利商店。他在這個生機花園裡蓋的小木屋，室內只有十一坪，占不到百分之一的農地面積，不像許多人買農地的目的只為蓋出巨大的豪華農舍。

鯉魚山下
種房子
——假日農夫奮鬥記

李偉文◎熱情推薦
A STORY OF LEARNING
在天涯的盡頭，
歸零
褚士瑩◎著
時報出版

這種一半一半的平衡人生，讓我想起清朝李密庵所寫的〈半半歌〉：「看破浮生過半，半之受用無邊。半中歲月儘幽閒，半裡乾坤寬展……酒飲半乾正好，花開半時偏妍……」寶匡的假日農夫行動，也豐富了周邊許多親友的生活，最棒的就是隨著這個花園農地成長的兩個孩子。藉由寶匡生動而仔細的描述，相信大家可以從中學到許多教養孩子的方法，以及鼓舞自己追求夢想的勇氣。

剷掉原本的香蕉園，從一片空空的農地開始，這塊土地如何重新慢慢活過來，成為所有生物，包括人類可以和平共處的樂園，寶匡鉅細靡遺、毫不藏私地公開所有設計圖、學習與實作的經驗成果。對任何懷有田園夢卻沒有實際農作經驗的都市人而言，《鯉魚山下種房子》是最好的參考書籍，對於目前沒有能力或興趣做個假日農夫的人而言，也是非常好看的書，能帶給我們很多樂趣與知識，當我們跟著朋友或帶著孩子到鄉間旅行時，就可以發現受益良多。

**B寶：**

爸爸談的《鯉魚山下種房子》，讓我立刻想到我的偶像。每次只要談到「偶像」，姊姊總是不等別人問，馬上衝出口：「我的偶像是褚士瑩！」我當然不能像跟屁蟲一樣地學她，這樣多沒創意，所以我說：「我崇拜的是褚士瑩的實踐力。」

褚士瑩高中畢業開始環遊世界，在臺大、開羅、哈佛念大學，出過四十多本書，在泰緬、美國、盧安達做NGO與顧問，每年總會留一段時間給自己去航海……就連褚士瑩也覺得自己過得真是太爽了！

你開始羨慕他，同時深深佩服他的超能力，能夠把人生過得這麼有意義又快樂；你開始覺得這是傳奇，也是遙不可及的夢想，然而，就如同他書裡一再說明、舉例的，這全然是因為一字「行」！行動就行了。

他的《給自己的10樣人生禮物》談到朋友要成為好咖還是不可替代性稀土的選擇、一輩子可以玩的運動、一些很具體可行的生活態度，這本書也教我學語言的祕方，我開始渴望透過語言瞭解文化。

褚士瑩的故事超多，信手拈來就是一則精彩令人拍案的趣事摻著省思，讓教條式的題目頓時有了生命。幾乎每本書都能讓你愛上他，但我最愛的仍是《在天涯的盡頭，歸零》。書中偏重從事NGO的經歷和反省，他體悟到「歸零」（unlearning）放下舊有的思想模式，新的情境要用新的角度視野去看待。他細細描繪在泰緬的有機農場裡與農人們互動的情形，這是一個我們從未探究的領域，也是迥然的生命之旅，這也是我最愛這本書的主要原因。褚士瑩是個非得要認識的作家，他實在太酷了！

## 來自菊島的情書《案山里100號》

——鄭同僚

**只要能開始讓自己和過去連結，人，就有機會和過去重逢，在洪流中找到自己的位置，得到滋養的力量。**

每次見到同僚兄，他的臉上總是帶著靦腆害羞的笑容，加上謙謙學者的模樣，我理所當然地以為他就是個典型溫和柔順的大學教授。直到他受全民囑託，擔任「公共電視」董事長，而經歷幾次社會運動，我才發現他害羞的表面下，骨子裡是那麼的強悍不妥協。看了《案山里100號》這本書我終於瞭解，這種堅韌來自澎湖狂風烈日的陶冶。

同僚兄很客氣地說，這本書是他嘗試替八十多歲的父母做的口述歷史，記述父母親的生命歲月，其中交雜著自己的成長經驗。在一個從事教育工作、並且長期關心臺灣社會發展的學者筆下，不知不覺顯露出他對臺灣這幾十年時代變遷的省思。

回顧個人生命史，對個人及社會都是非常重要的，總覺得臺灣是一個缺乏歷史意識

案山里
100號

的國家。這造成的問題，除了無法從歷史學得面對未來的智慧外，不知過去、不再緬懷祖先的民族，不容易找到安身立命的篤定感。當然，認識長輩過往的生活，是表達我們感恩之意的方式；對長輩而言，也是一種此生無憾的安慰感。

當我們記得自己是如何走過來的，一個有根的民族將活得比較安心、比較有信心。我很贊成同僚兄的示範與建議，在還來得及的時候，每個人慎重地訪問自己的父母或祖父母。我所謂的慎重，是把與長輩的聊天當作重要的事來辦，甚至變成家庭的某種儀式。

當我們與長輩共同回顧過往的歷史時，當下的情境與氛圍，劃出一片不受干擾的時空，好比日本動漫中的「結界」，也像人類學研究發現的原住民族「神聖空間」。在特定的時空中，我們被要求停下腳步，仔細反省並回憶生命中的每個特殊時刻，相遇的每個人、每件事，以及說出口的每句話，然後學習珍惜生命中擁有的事物。這種回顧可以讓我們重新看見當下的世界，並好好照顧現在圍繞在我們身邊的人。

我相信看著這本來自菊島、真心誠意所寫的「情書」，每個人都會回想起自己的童年時光，更棒的是，或許也能引領我們找回失落的自己——那個滿懷理想、熱情，瞻望著世界的自己。

## 偉大的冒險家不做冒險事

# 《拖鞋教授的海洋之夢：DIY一條船去環遊世界》

——蘇達貞×王梅

**明天要做的事，其實是你一輩子都不會做的事；**
**只有今天做的事，才是真正會做的事。**

我最近幾年才認識拖鞋教授——蘇達貞，曾經多次跟他一起旅行，除了他腳上的拖鞋之外，我不管怎麼看他，都像是個謙沖自持、溫文儒雅的長者，無法想像他是懷有瘋狂大夢的人。

他常說：「偉大的冒險家從不做冒險的事。」從這一本由資深記者王梅與他合著的書中，我們不只看到一個人夢想的形成與實踐，也看到一群年紀或大或小，來自四面八方的「瘋子」，因為勇於實踐而重生的故事。

二〇〇九年拖鞋教授帶著一群大學生，划獨木舟環臺；二〇一三年帶著八位不老水手勇闖太平洋清水斷崖；二〇一四年，他率領十六位年輕人，親手打造一艘帆船環遊世界，這種行徑既大膽又危險，但是這些活動其實都是經過縝密計畫的，因為「一個偉大的冒險家從來不做冒險的事」。

數十年來，拖鞋老師極力推動海洋教育，認為住在海島上的我們沒有理由不認識海，他把從大學教職退休後所有的退休金與資產全部捐出，成立「蘇帆海洋文化藝術基金會」，希望讓臺灣人民不再懼怕海洋。他常感慨多年來媒體不斷恐嚇我們：大海很可怕、很危險，政府也不讓老百姓接近大海、遨遊於大海，這是很荒謬的海洋國家。

他的「DIY帆遊世界計畫」，親手設計、打造一艘船，參考古太平洋島民所設計的獨木舟，以方便組裝和拆卸為主，讓小船可以到達任何孤島，登陸任何沙灘或礫石灘地形，更神奇的是能在海灘上拆卸，不需要停靠任何海港，以一個島接著一個島的「跳島」方式完成帆遊世界的目標。

拖鞋老師用近年來的背包客為例，主張人人都可以做個「飄洋過海的背包客」，認為不能放進背包的東西，就是你不需要的東西，人人都可以只攜帶一個背包出海環遊世界。

相信很多人的夢想都是環遊世界，但是絕大部分人都只是想想而已，因為沒錢、沒時間，可是等到哪一天真的有能力時，卻又沒有體力了。當然也有少數人真的上路，有人徒步、有人騎腳踏車，更有人搭公車、火車、便車等，這些勇於實踐的人懂得生活，也更能體會生命的意義。不過，拖鞋老師認為與這些人相較之下，搭帆船環遊世界反而簡單、輕鬆，而且最經濟、最省時間。即使我們真的走完世界各個國家的陸地知名景點，還是錯失了百分之七十的世界。

我知道大部分人一定不相信自己有能力搭著一艘小小的帆船遠遊，沒關係，看完這本書我們就會相信，實現夢想並不那麼困難，只要你願意行動。拖鞋教授說：「明天要做的事，其實是你一輩子都不會做的事，只有今天做的事才是真正會做的事。」

很慶幸臺灣有這樣既浪漫又實際的夢想家，讓這個世界充滿光彩，也讓人覺得生命之旅真是處處繁華，充滿美好際遇而令人感恩。

拖鞋教授的
海洋之夢
DIY一條船去環遊世界

困境是最奇特的財富

# 《漂流：我一個人在海上76天》A賞

——史帝芬．卡拉漢 Steven Callahan

**對我來說，航行出海就像瞥見上帝的臉。人在海上提醒了自己的無足輕重——所有人類的無足輕重。如此感到謙卑，是一種美妙的感覺。**

當李安導演的少年Pi引起風潮時，《漂流：我一個人在海上76天》也引來不少關注，它可說是少年Pi的真實版。

閱讀史帝芬．卡拉漢寫的《漂流》，不禁動容於他那顆珍惜宇宙萬物的心。熱愛航海的史帝芬，原本打算駕著親手自製的船「獨行號」，從歐洲橫越大西洋到加勒比海，旅程開始不久後，一場暴風雨毀了他的計畫，也讓他陷入「隨時都會死」的處境。史帝芬的家當只剩一個救生伐、一顆包心菜、一個空罐子、一個裝著幾顆蛋的袋子、幾個金屬器具，還有他的毅力與勇氣。

「絕望搖撼著我。我想哭，但是我斥責自己；忍住，嚥下去，你負擔不起讓水分流失的奢侈。我咬住嘴唇，閉上眼睛，在心裡哭泣。」整天對著自己夢囈，勇氣在孤獨與絕望中漸漸消失殆盡。

日子一天天過去，海上仍一點人影都沒有，只有海裡的鬼頭刀殷勤地尾隨著他。「昨晚的殺戮對任何一方都沒有好處。我剝奪了那條魚的生命，也失去了那條魚的陪伴……這些鬼頭刀對我的意義遠遠不只是食物，甚至不只是寵物。他們與我平等，在許多方面甚至比我優越……」漸漸地，史蒂芬把困境當成最奇特的財富而非責怪。「讓我更珍惜不痛、不餓、不渴、不絕望、不寂寞的每一刻。」一個人在海上七十六天，他得到最大的禮物是：對身為宇宙萬物中的一分子感到珍惜。

同樣是描述自然的力量以及與自然的相處之道的《少年小樹之歌》，透過小男孩讓我們理解，唯有尊敬與珍惜才能分享它的美。書中很多片段讀起來令人感覺溫馨，例如，主角小樹的奶奶說：「你如果不瞭解一樣東西的話，你根本不會愛上它；同樣的，你如果不瞭解人們和上帝，你又怎麼會對他們產生愛呢？」爺爺和奶奶彼此瞭解，所以他們之間擁有愛。奶奶說彼此瞭解的程度會隨著一起相處時間的長久而變得深厚，她認

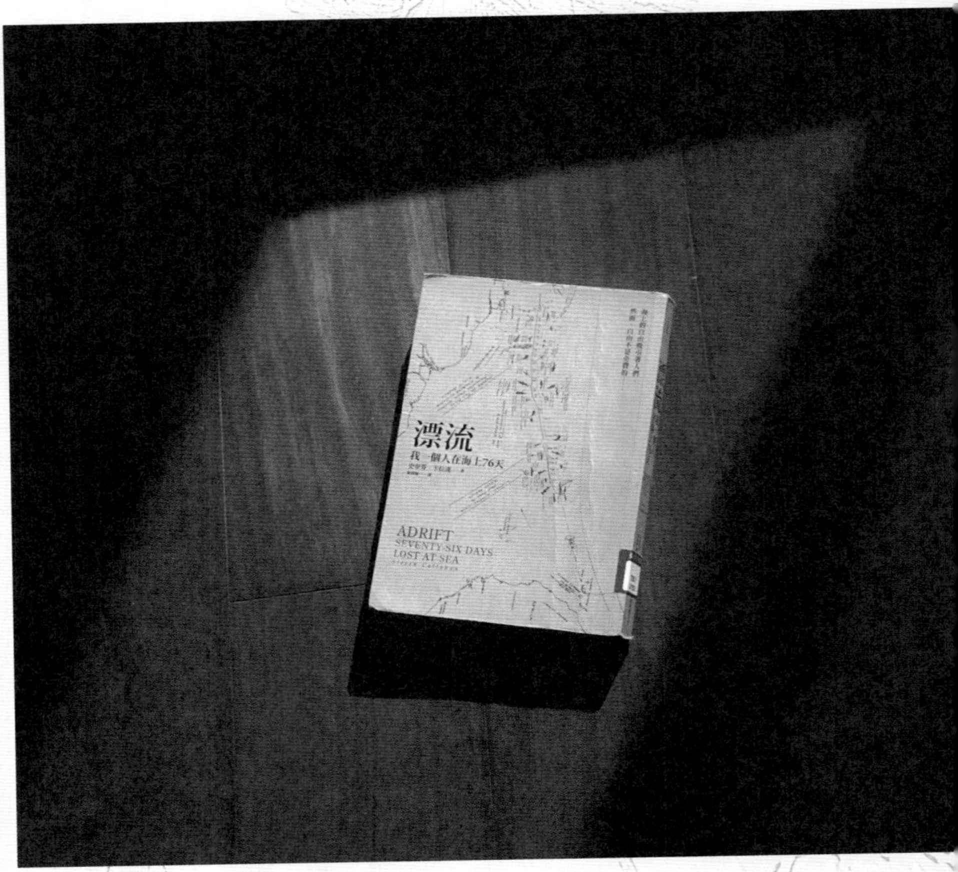
漂流
我一個人在海上76天
ADRIFT
SEVENTY-SIX DAYS
LOST AT SEA

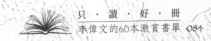

為那種境界是一般人難以想像或形容的。

閱讀這兩本書不只會感覺到自然的力量，也會從中得到「愛」，唯有愛、唯有珍惜，我們才能擁有充實的生命。

放手一試

## 《麥克風與吊帶：賴瑞金傳奇》 A寶

——賴瑞．金 Larry King、卡爾．福斯曼 Cal Fussman

**回憶是我們僅有的一切。失去了它們，我們一無所有。而經幽默潤飾過的回憶，最是讓人回味無窮。**

老師總是期許我們「要有問問題的能力」，但是有什麼方法可以問出問題呢？有時候我就是想不出有什麼問題好問的。老師還勉勵我們「學會問問題後，進一步要問出好問題」。什麼是好問題？

讀高中的三年，學校經常會邀請講師到校演講，碰到需要「提問」的機會也愈來愈多。常會遇到「沒有好問題可問」或「明明知道了答案，只為了問問題而問」的窘況。這和拿著課本、參考書請教老師問題是不同的，要能對受訪者或演講者拋出精彩的問題，除了要有勇氣外，即席反應也不可少。感謝麥克風大師——賴瑞・金與他的招牌吊帶為我上了一課。

《麥克風與吊帶：賴瑞金傳奇》雖說是自傳，實際上是一則又一則幽默的對話，就如同他主持的廣播節目，氣氛輕鬆愉快，不刻意突顯自己或過度自我膨脹，使聽眾收穫滿滿，同時受訪者也很有成就感。

因為「勇」，他不視童年夢想為永不可能達成的目標，他勇敢把握住快速溜走的機會，他放膽一試，不放過任何危險、駭人的訪談現場。因為「傻」，他將每一次訪談視為唯一，他將執著注入每個片刻，他將這份職業做得如此認真、如此賣命。因為「笨」，他彷彿洞悉每位觀眾的疑惑，以最質樸、單純的角度與視野，讓每次的問與答都深烙在聽眾的心坎兒上。

「我常會自問一個已經問了五十年的老問題：『我在這裡做什麼？』這幾個字一語道破我的一生。」在這本傳奇自傳裡，我最愛他這句話，有多少人會記得在忙碌的生活中，停下步伐，問問自己：「我在這裡做什麼？」忙著抄筆記、寫考卷、對答案、趕在上課鐘聲響前到合作社走一趟……似乎滿檔的時間表裡已經塞不下任何多餘的思考。不！賴瑞・金必會明快地說：「這不是多餘的，是時時刻刻必要的省察！」

五十多年的媒體生涯，他始終讓觀眾感到驚奇，他與總統、明星、嫌疑犯……約會不斷，他是如何辦到的？不停地審視自己的所作所為，永遠明白自己的角色，筆直的軌

交換日記 139~182
交換日記 101~138
交換日記 68~100
交換日記 1~67
NATIONAL GEOGRAPHIC
莫斯科 历史・艺术・建筑
俄羅斯
一九八四 Nineteen Eighty-Four
北方帝國的崛起與衰弱
史坦貝克俄羅斯紀行
麥克風與吊帶 賴瑞金傳奇 My Remarkable Journey
ANNA KARENINA

道上，一端是邁阿密的小錄音室，一端是CNN的「賴瑞金現場」，不變的是忠於真理和不滅的熱忱！

問問題很難，但是問問題有助於我們思考，不要讓考試、成績扼殺了我們提問的能力。或許我們沒有能力像賴瑞．金一樣不準備稿就能提出好問題，但我們可以學習賴瑞．金的謙虛、專注，慢慢培養自己成為「訪談好手」的能力，清楚「我在做什麼！」

## 鞠躬盡瘁的傳教士
# 《公東的教堂》 A寶
——范毅舜

**這種心中有天、地、人的精神**
**可以讓我們生活得更自由、更充實飽滿。**

精裝書的封面像一面質樸鑲嵌著彩繪玻璃的牆，牆後若隱若現出外國人的臉龐，那深邃的眼睛似乎訴說著許多動人的故事。這本書算是《海岸山脈的瑞士人》續集，《海岸山脈的瑞士人》記錄瑞士天主教白冷會士在臺灣東部服務超過半個世紀的美麗故事。作者范毅舜再續前緣，寫下白冷會士不僅興建教堂、醫院、啟智中心等，甚至創辦了數一數二的職業學校「公東高工」，蓋清水模教堂。

「十六世紀宗教改革，羅馬教廷召開特崙托會議，希望能改革教會的弊端，而耶穌會拯救了他們的名聲。耶穌會到各地興辦學校、傳教……」許多生動的故事編進課本就變成枯燥的條文；等待背誦的年代，也讓有血有淚的故事離我們更遠。經由范毅舜的筆與鏡頭，課本上的文字有了熱度，讓我們感受到四百年來傳教士奉獻的精神。

不同於許多來勢洶洶以傳教為名，以征服、貿易為實的外國傳教士。因為愛，瑞士的白冷會與臺灣東部結緣。什麼力量使得三、四十歲的青壯外邦人，毅然揮別父母，在他們原先完全陌生的島上深耕？什麼掛念使得他們即便往生也要守在異鄉？我總是解不開上帝與祂的使徒，對生命、對熱愛傳播福音的謎，只能以人與人之間真實情感的交流，迸發出的深情下註。

不只是對一群與自己生活、文化截然不同的人釋出愛，教士們敢創新、敢與眾不同，六、七十年前，他們就已經發出教育改革的呼聲！不隨著臺灣升學主義與追逐文憑起舞，引進了家鄉的教育制度「二元教育系統：技藝學校與學徒教育制」，扎扎實實地希望幫助東部的學生擁有一技之長。有別於現在大學畢業生甚至攻讀完碩博士還當啃老族，這兒的高中生就已經能貢獻一己之力，並代表臺灣在世界各地建築、工藝比賽奪魁。

書中，錫質平神父的故事令我熱淚盈眶。

錫神父不放棄任何孩子，學校開教務會議討論留校查看學生的去留，只要有錫神父在，就不會有任何一個學生被退學。曾經，為了教導一個被眾人放棄的棘手孩子，錫神父把他帶回一同居住，為了教育這個頑皮的孩子費盡心思，錫神父安排他見一位陌生女子，在意外地被陌生女子緊緊抱住後，他才猛然一驚，明白他也有個愛他的媽媽，在這個世界上並不孤獨。他在神父的栽培下，浪子回頭，長大後把生母接了回去。

「不要問我還能活多久，那簡直是浪費時間，今日該做的事，就應做得百分之一百，未來我們無法把握，現在就是寶藏。」總是把握一分一秒的錫神父，生命的盡頭被癌細胞侵蝕，仍不忘教友、學生。即使住院，只要能動，仍常不聽勸告地騎車外出工作。就像是公東教堂聖堂前獨特的基督鑄鐵像，充滿生的喜悅，激勵人擁抱人生與珍惜當下。

「故事進入尾聲，我也不免自問，與我們沒有任何血緣關係的外邦人，能為這一方人鞠躬盡瘁到什麼地步，我們的回饋又會是什麼？」范毅舜在書尾這麼說道。我想，也許簡單的回饋方法是閱讀這本書，不要忘記自己也能成為別人的一盞燈，然後向需要幫助的人伸出雙手。

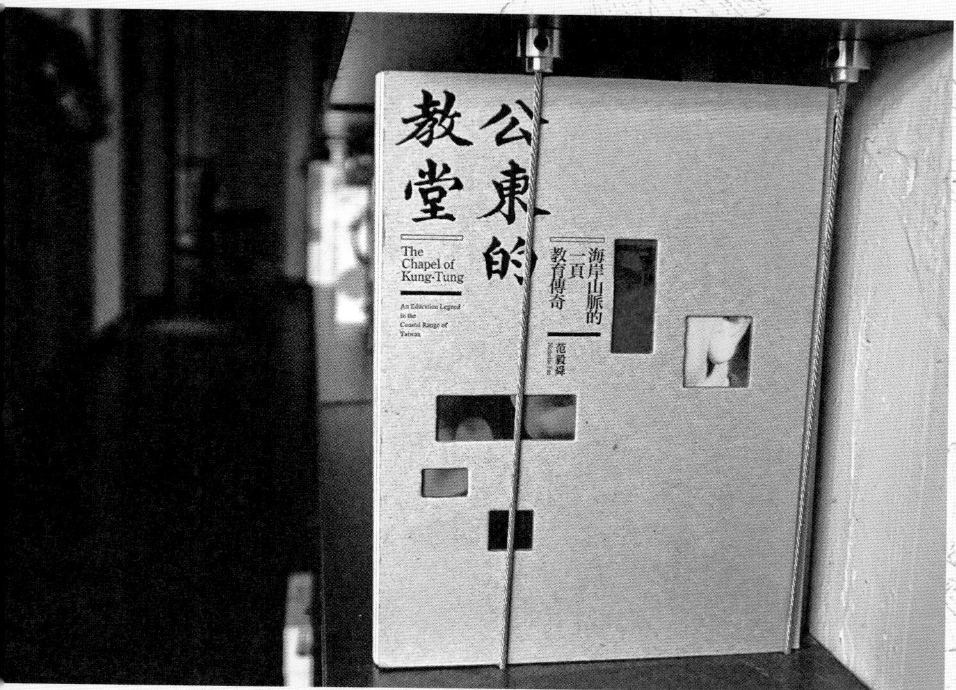
公東的
教堂
The Chapel of Kung-Tung
An Education Legend in the Coastal Range of Taiwan
海岸山脈的一頁教育傳奇
范毅舜

# Chapter 3

# 來自四面八方的呼喚，你是誰？

閱讀給生命力量

# 《搶救一顆星的光明》

——史帝夫．潘伯頓 Steve Pemberton

**雖然我自由了，但我還沒回到家，**
**所以未來的年月，我尋找過去的旅程會一而再、再而三重來，**
**就像燈塔的燈火閃爍著亮光，然後熄滅，接著又會重現一樣。**

這是一則令人感動落淚的真實故事，也是一本「有志者事竟成」的勵志書，當然更是「白手起家，轉窮為富」的美國夢最佳典範。作者史提夫．潘伯頓現身說法，讓家長、老師、每個有權力的人，以及關心社會發展的民眾瞭解：閱讀對一個孩子的重要。不只是考試多幾分而已，閱讀激發孩子生命的力量，改變孩子的人生。

史提夫的人生可以說是拿了一手爛牌，他是被遺棄的孤兒，被寄養家庭以極不人道的方式虐待，一般而言，在這樣環境下長大的孩子很難有什麼未來可言。幸好有書，書成為他黑暗生活裡的一道光，讓他看見與真實遭遇完全不同的世界，一個更美好的世

搶救一顆星的光明
A Chance In The World

界，帶給他生存的勇氣與努力的目標。

史提夫說：「我一逮到機會就偷跑到地窖（寄養家庭說他只配住在地窖），把自己深埋在書裡，我變成無懼的探險家、聰明的科學家、擅長解謎的人。」這種閱讀的樂趣與態度，才是每個大人應該送給孩子的禮物，而不是斤斤計較閱讀可以帶給考試成績的立即效果。

愈是這種看似無用的閱讀，卻愈可能帶給人生巨大影響，對孩子而言，書不該有「用途」，書應該只是用來感受快樂的，所以一本書愈有趣，愈能深刻留在孩子的記憶裡。

在人的成長與學習過程中，我們都知道「近朱者赤，近墨者黑」，偉大的家庭教育典範孟母，也抵不過環境的力量而必須三遷其居，因為人真的是情境的動物，難以逃脫環境對我們有形或無形的影響。幸好有書，透過閱讀建構對世界與另一種生活的想像，那種憧憬是超越環境限制的唯一力量，從《搶救一顆星的光明》一書，我們可以深刻體會書本帶給生命的正面影響。

當我看著孩子捧著書，興致盎然地閱讀，外表安靜與專注，但是我知道他們內心是很澎湃的，也許正在古代追捕巨獸，也許在太空中冒險，我知道在閱讀的此時此刻，他們已經在為將來的人生而準備、蓄積著力量。

臺灣也正積極地在校園中推行閱讀運動，但我希望大人們不要以閱讀的數量來作評比，更不要以現實、功利或比較性的態度來「鼓勵」孩子，而要用盡心機讓孩子喜歡上閱讀。我覺得這並不難，因為人類天生是好奇的，喜歡聽故事。

精彩的故事可以讓孩子的想像力飛翔；精彩的故事能讓他們生起「有為者亦若是」之心。只要有精彩故事，就能讓成長環境或經驗不好的孩子知道：原來生活可以不只是這樣，我的生命可以有另一種不同的選擇。閱讀可以激勵孩子超越現實的挫折與困頓。

世界在我們的思緒中成形

## 《佛陀教你不生氣》

——蘇曼那沙拉 Alubomulle Sumanasara

**人生原本就沒有任何值得擔心的，對於痛苦也就可以坦然以對。因為你瞭解，所謂的痛苦，只是對於無常的錯誤反應。**

人是情緒的動物。從蠻荒到文明的演化過程中，人類大腦還保有原始的「爬蟲類腦」，也就是喜、怒、哀、樂、恐懼、忿怒等本能的情緒反應。因此，真的要我們別那麼愛生氣並不容易。

佛陀在《法句經》裡說：「世界在我們的思緒中成形。」的確如此，想像力是「心智的剪刀」，剪刀不停地修剪人心裡看到的畫面，這些我們製造出來的景象就會在現實世界中實現，因為我們的想法創造我們的生活，而我們的話語又表明了我們的想法。

我們生氣的原因往往來自與別人的爭執，佛陀曾經說過：「苦難的根源是執著。」但是「事實」是個相對的概念，我們各自有各自的經歷，因此沒有絕對的事實，只有不

佛陀
教你
不生氣
一生氣，幸福就遠離！
笑得出來，怒氣就消！NO.1

同的觀點，所以不要為了與別人爭執是非對錯而陷入僵局，只要瞭解彼此的觀點不同、記憶不同，然後繼續往前邁進。

我很同意作者蘇曼那沙拉所說的：「心這樣的東西，只要一再向他陳述同樣的內容，他將出乎意料地照單全收。」這裡所指的「心」，大概就是我們常說的「潛意識」吧！心理學上有很多研究，包括催眠、潛意識的力量、畢馬龍效應或自我實現的預言，這些弄假成真的策略，在腦科學研究中證實是有效的。我們怎麼行動就會變成怎麼樣的人，如果我們先假裝很熱情，就會真的變得很熱情；假裝自己很快樂，就會真的快樂起來。所以就算不是真心的笑也無妨，並不是因為幸福才笑，也可以因為笑了才幸福。

不過，我們必須注意的是，潛意識純屬單純的力量，不具方向性，就像蒸氣或電力一樣，接受引導卻不具自行判斷的能力。換句話說，我們給予正向思考就有正面力量，給予負面想法就產生負面力量，而且潛意識毫無幽默感，我們如果經常貶抑自己，常常消遣調侃自己，潛意識也會信以為真，把自己帶入不幸的情境。若是經常生氣，對周遭一切都看不順眼，腦海中充滿了負面想法，我們的潛意識就會塑造出令我們不滿或痛苦的世界。

在非洲草原的狩獵時代，恐懼、忿怒可以幫我們活下去；在文明的複雜生活中，生氣只是讓我們把事情搞砸，或者形成各種慢性病。因此，如何控制自己的情緒是現代人非常重要的課題。本書深入淺出地以許多日常小故事，結合佛教教義，審視自己，希望帶領讀者找到幸福。

## 在孤獨中與自我對話

# 《寂靜之書》

——莎拉．梅特蘭 Sara Maitland

**寂靜，是開啟自由的一種儀式。**
**不需要離群索居，找對每天的生活方式，它就會不請自來。**
**打開本書，在喧鬧的都市中，享受屬於你的一方靜謐。**

曾經，我也像《寂靜之書》作者莎拉•梅特蘭一樣，享受著喧鬧所帶來的樂趣，習慣一回家就打開音響或電視，不是為了節目，就只是讓這些人為的聲音，填塞思緒裡每一絲空間。

直到十多年前搬到山裡，才重新聆聽寂靜，如同梅特蘭，我開始了自己尋找寂靜的旅程。這才發現，現今世界要找到沒有人工聲響的寧靜之地是多麼困難。一開始住在山裡，若是關起門窗，把大自然的天籟稍加隔絕，就聽見老舊冰箱馬達聲吵得要命，換了一臺綠色標章超節能的新冰箱之後，總算好一點，這時候日光燈起動器的細微聲音，卻又嗡嗡地干擾著耳朵。

美國錄音師戈登・漢普頓（Gordon Hempton）曾經寫過一本書《一平方英寸的寂靜》，他踏遍全世界，想尋找到可以完全收不到人為聲音的地方，發現非常困難，即便

遠離人煙的蠻荒曠野，還是不時有飛機聲、遠處輪船、火車或者各式各樣交通工具傳來的低頻震動聲。後來他總算在遠離飛機航道的國家公園森林深處，置放小石頭，圈護出一平方英寸的寂靜。

有人好奇，為什麼要追求寧靜？我們不是希望透過各種感官來豐富我們的生活嗎？我們藉由眼睛、耳朵來探索世界，但隨著時代變遷，物質太豐富、聲光娛樂太刺激，讓我們無法安靜下來；尤其手機聲響彷若催魂鈴，讓人無所遁逃於天地之間；世界雖大，卻無處能單獨安靜地面對自我，反而與世界疏離。

科技使人疏離人、疏離自然、疏離了自我。不知道有多少人在午夜夢迴時問自己：「電視、行動電話、電動遊戲到底增加了、還是折損了人類經驗的品質？」當我們擁有更多東西，不但沒有豐富自己，反而更加貧窮，這種貧窮是注意力的喪失，是真實生命的消逝。

因此，我喜歡一個人獨自走在山裡，那是種既豐富又安心的感覺，森林裡的眾多物種有生命流動的韻律，花開花落，在自然的循環中，找到「天地與我並生，萬物與我合一」的安心感。

我也喜歡在海潮漲退中沿著海岸散步，所有的情緒都被帶向大海，甚至連理性思考也沖刷一空。我像是隨浪滾動的貝殼，隨時迎接海與風沙的流動，不知不覺間，人融於虛空、融入海天一色。

若晚上在海邊走得累了，便躺在沙灘上仰望滿天星斗，感覺身體似乎慢慢向外展延，進入浩瀚星空。

最好獨自追尋寂靜，也只有在孤獨中，才能與自我對話。

有許多朋友每天會找時間「靜坐」，因為從寧靜中湧現的平和與覺知，可以使生命恢復完整，也可以回到自我根源，求得身心安頓。

很多人用喧鬧聲音來逃避寂靜，我想是不願真誠地面對自己的生命吧？《西藏生死書》裡提到的：「如果我們觀察自己的生活，就可以很清楚地發現，我們一生都在忙著無關緊要的責任，可以把它比喻為『夢中的家務事』。我們告訴自己要花點時間在生命中的大事上，卻從來也找不出時間。我們的生活似乎在代替我們過日子，生活本身具有的奇異衝力，把我們帶得暈頭轉向。到最後，我們會感到對生命一點選擇也沒有，絲毫無法作主。」

《寂靜之書》是梅特蘭的自我追尋之旅，也是焦慮的現代人的療癒之書。

再靠近幸福一點點

## 《日漸沉沒的樂園吐瓦魯：你最重要的東西是什麼？》

——山本敏晴

**我們在小小的島國吐瓦魯，可以同時看見現在地球的好與壞。也許正因為吐瓦魯是非常小的國家，所以各式各樣在它身上發生的問題，就像是將來整個地球各種問題的縮影。**

這本像是攝影集又像繪本的《日漸沉沒的樂園吐瓦魯》書腰介紹：「一個簡單的提問，讓全世界的人都能再靠近幸福一點點！聽聽孩子，你最重要的東西是什麼？」

這是一個由「太空船地球號協會」發起的世界性繪畫活動，他們試著詢問世界各地的孩子：「你最重要的東西是什麼？」並請孩子畫在圖畫紙上。同時，他們還會拍攝受訪兒童以及住家、家人與街道風景的相片，透過這些孩子們的眼睛，我們可以看到世界的多樣性。

發起這個活動的日本醫生山本敏晴說：「如果全世界的人都能把自己最重要的東西

漸沉沒的樂園
吐瓦魯
要的東西是什麼？ 地球暖化篇～
The most important thing for you
導致海平面不斷升高，吐瓦魯的孩子說：
家可能會被海水淹沒……」
提問：
要的東西是什麼？」
居民」全體的幸福！
文・攝影 山本敏晴
譯者 米雅

畫下來並且互相觀賞，也許對彼此的瞭解就能增加一點點，而這個世界的紛爭也就能減少一點點。這麼一來，全世界的人也許就會再靠近幸福一點點……」他也這麼期待：「當彼此都能尊重彼此重要的東西的時候，戰爭就會消失！」

從各個國家小朋友的圖畫中，我們可以感受到現今人類最迫切的議題：貧窮、戰爭、疾病、人權及環境永續等。

有個小朋友畫了一條耕田中的牛，因為他爸爸的工作是種田。

另外一個小朋友畫了三個小朋友被地雷炸斷四肢的圖畫，寫著：「我認為剷除地雷很重要。」

一個小朋友畫了一個小女生被大人帶走的圖畫，寫著：「我討厭販賣兒童和賣春。」

這本書很適合當作生命教育課程的教材，不過，我也想到，似乎許多臺灣的大人們無法回答，或無法面對這個問題，假如我們夠誠實的話。

你最重要的東西是什麼？

當然，我們可以列出漂亮的答案，但是若仔細檢視一天二十四小時，一年三百六十五天的生活，是否曾經對「我們最重要的東西」付出心力？假如我們的答案是保護環境，我們可曾有具體行動？如果答案是家人或孩子，那麼我們可曾留出時間給他們？

人們想的和做的往往不一樣。

我們都知道運動很重要，但是卻沒有多少人會每天花時間去運動。

學生每天念茲在茲說培養國際視野非常重要，但是從來不關心世界上發生的任何事情，這是否荒謬。

為了避免犯下這樣的毛病，我們可以用記錄的方式來檢視自己的時間分配，因為所謂「重要」的事情，往往不是緊急的事情，因此若我們不刻意安排行程表，或者有意識地去省視自己的生活，往往我們最重要的事情，反而花費最少心力。

陪著孩子畫圖的山本敏晴這麼告訴他們：「每一個人所認定的重要東西都不一樣。雖然大家的想法不同，身邊一樣有一起生活的家人和重要的朋友。你最重要的東西是什麼？你身邊的人，他最重要的東西是什麼？你討厭的人，他最重要的東西是什麼？請你一樣尊重他們的選擇。如果大家都能這麼做，也許有一天，所有的人都能得到幸福。」

再問一次：「你最重要的東西是什麼？」

## 從自己開始，我就是力量

# 《我的小革命》

——何榮幸、黃哲斌、謝錦芳、郭石城、高有智

**我仍然深信，不論媒體形式出現什麼樣的變化，文字的力量才能真正深入人心。**

在這個時代保持樂觀並不是一件容易的事。我們活在愈來愈複雜的世界，每天都有排山倒海般的負面訊息迎面而來，層出不窮的災難與痛苦似乎永無止盡。我們在指責抱怨之餘，往往期待領導人提出長治久安的解決之道。美國總統歐巴馬在就任演說中這麼說：「期待他人或等待未來，改變將永難實現。我們自己就是我們等待的人，我們自己就是我們尋找的改變。」

從《我的小革命》書中二十四個人的真實故事，我們可以瞭解，相信夢想，相信自己內在的力量，從自己開始做起，不管是不是可以達到世俗所謂的成功，但是生命將因為實踐的勇氣而活得精彩！

相信夢想，相信自己內在的力量！
我的小革命
何榮幸、黃哲斌、謝錦芳、郭石城、高有智◎合著

不過，在此之前，我們必須克服來自周遭世界的影響，因為環境的改變，在這個物質太過豐盛的時代裡，反而很難產生在物質匱乏、人心單純時代裡的專注力。現代人的選擇太多、理想太少，同時能夠堅持下去的力量也不夠。我發現書裡的人，他們都在實踐自己的夢想，相信這個世界應該被改變，也願意相信社會是能被改變的，這種信心所產生的力量能幫助我們克服困境，讓我們覺得只要再往前走一點點，就可以把事情變得更好一點。

這些人進行的小革命與一般人想像的革命不一樣，我認為比較接近「溫柔革命」！在「荒野保護協會」裡，我們一直以「溫柔革命」自勉。

一般所謂的革命，通常以為自己掌握了真理，然後以強烈的態度指正別人。這樣的行動推到極致，甚至以強大的壓力、暴力來達其所願。但是「溫柔革命」剛好相反，是從自己改變做起，透過尊重與包容，並留空間等待，讓周邊的人因為親眼所見而改變。我常覺得這種內心的感動，才是真正且持久的力量。

我所信仰的社會運動是一場溫柔的革命。因為我相信只有自己能改變自己，只有自己能教導自己。人在自願自發的行動與付出過程中，會發展出改變自己的力量。這種力量不可能來自別人的威脅，也不可能來自別人的教導或訓示。這些年我不斷思考：如何溫柔地貼近人心，從別人的實際問題與感受出發，讓民眾從行動中累積出改變的力量。

或許有人以為這樣的溫柔、這樣的革命，面對全球環境的挑戰似乎緩不濟急，懷疑我們個人微不足道的力量，能夠產生多少有意義的改變？

的確，面對六十多億人口，在複雜且龐大的全球經濟體系裡，我們似乎是汪洋裡的一滴水，顯得如此渺小。我想起德瑞莎修女立下幫助「貧窮中最窮的人」的大願時，主教問她：「加爾各答就有好幾百萬赤貧的人，請問你要怎麼做？」德瑞莎修女說：「要數到一百萬，也是得從一開始。」

從一開始的信心，就是《我的小革命》能夠帶給我們的無比勇氣與希望。

一滴水要如何永不乾涸？答案是流入大海。

面對大海，一滴水是那麼微不足道，可是整個海洋不就是這些微不足道的水滴集合起來的嗎？因此，每一滴水都有它的責任，每個水滴的貢獻都有意義。

工作對每個人的重要性

# 《這輩子，我最想做的事》

——湯瑪斯．摩爾 Thomas Moore

**只要你讓心中的衝動主導你的人生，就可以找到自己的本質。**

大多數身在職場的人應該都能體會，工作所代表的，向來不只是工作。它不僅與我們的自尊息息相關，甚至是我們定義自己的媒介。也因此，做一份沒有靈魂、沒有熱情的工作，只會讓人能量不停耗損，不僅拖垮自己，連帶影響身旁愛你、關心你的人。

找對工作至關重要。作者湯瑪斯．摩爾在書中揭開了追尋理想工作的神祕面紗。他認為工作將引領我們找到自己的天職，過程中不免面臨阻礙與困境，但我們要有耐心與反省的能力。

記得我在大四病理學期末考前夕，半夜死命K著數以千計的疾病，忽然頓悟：「有這麼多種類的病，這麼多可能的意外，我居然什麼病都沒有，健健康康、活蹦亂跳地活

著，實在是非常難得的福分啊！」人生難得今已得，身為人已經很不容易，何況我們還能讀書、做事、幫助別人，在這麼難得的一生中，若是活得跟別人一樣，世界上有我沒有我毫無差別，那豈不是太可惜了？

對於歲月的腳步聲，每個人清晰聽到的時刻不同。多年來我的生命狀態似乎停留在大學畢業時（至少身材沒變）。到外面開會時，遇見第一次碰面的社會賢達、專家學者偶爾會訝異地說：「你好年輕！」這種虛榮讓我覺得歲月一直停駐在遠方，但其實心中也知道，當別人說你年輕時，表示你真的年紀不小了。

我喜歡回顧，因為我不喜歡忘記，但我也喜歡往前眺望。人到中年要做的事還很多，但是我已懂得放慢腳步，慢慢來也許會做得更好一點。

步入中年有一個好處，就是可以理直氣壯地說：「我不要。」可以不再委屈自己，可以實踐理想，也許不一定賺很多錢，但能樂在工作，於是，我們可以好好想清楚「這輩子，我最想做的事」。

在《這輩子，我最想做的事》書中，作者特別提出工作對每個人的重要性，不僅是社會成就感，更能創造圓滿的靈魂。作者建議可以用說故事的方法來重新檢視自己，就像把生命重新裝載在容器中，映照出我們內心最想要的。

用故事來整理自己時，必須先讓自己認真感受過去並接納它。再來是「開採過去的金礦」，深刻挖掘我們生命裡的故事，才能正視過往，踏入新的疆域。請注意對回憶的抗拒，許多埋藏在內心的故事，可以使人更瞭解自己。然後，勇於面對失敗和錯誤，失敗當然會使人感到沮喪，但也能使我們看見機會。

書中提到，當你處於始終找不到合適工作的絕境時，可以閱讀成功者的傳記。你將會發現這些人曾陷入極為艱難、毫無希望的困境，但他們仍對自己的能力深具信心，他們在失敗與困境中發現的珍貴事物，為後來的努力增添了深度。

英國搖滾巨星史汀（Sting）就是個很好的例子，他不只是傑出的音樂人，同時也是優秀的作家，早期為了謀生曾經當過建築工人與公車車掌，也曾擔任過公務員。後來，他成為一位小學老師，這是他開始冒險走上音樂人之路的轉捩點。

這位成功的音樂人誠實地唱出了人類的熱情與各種情感，擔任老師的經驗為他寫的歌詞注入深度的理念。由於曾經歷困境，他的成功帶有罕見的成熟與世故。他在事業的後期決定冒險，錄製英國作曲家約翰・道蘭（John Dowland）的古典歌曲作品，而約翰・道蘭的音樂以擅於描述失意與失落而聞名。

讓充滿挑戰的人生旅程鍛鍊你的性格，使自己具備深沉豐富的人格。不論你從事什

麼工作，你的經歷與能力將使你的工作變得更圓滿。

《這輩子，我最想做的事》筆觸溫暖而撫慰人心，是給在工作生涯裡不停跌跌撞撞的你，最佳的心靈良藥。它探討天職的追尋——天職不只是一份工作，同時也是為你的人生帶來有意義的一系列活動。這本書探討了工作的靈性與靈魂，同時提供一些方法，幫助你找到自己的天職，開始做這一生註定要做的事。

長長的一生不該只困在食之無味、棄之可惜的工作裡，現在就鼓起勇氣，邁開步伐，大膽實現你心中的渴望！

生命的副作用

## 《生命中美好的缺憾》

——約翰．葛林 John Green

## 《這些人，那些事》B寶

——吳念真

**星星即使在數億光年之外爆炸，光芒仍會留在地球的夜空中。儘管在不完美的命運中相遇，留下的痕跡並非傷痛，而是美好的缺憾。**

我很少遇到一本書要讀那麼久的。

好幾次拿起翻閱，卻無法竟讀，不是不好看，而是不忍面對，無以為繼。

我有位好朋友長期在醫院的兒童癌症病房當志工，常常幫他們辦活動，偶爾邀我參加，我卻屢屢逃避，也是不忍面對。

我剛考上醫學院沒多久，媽媽就因癌症住院，我在醫院長期陪伴照顧媽媽的那一段時間，常常不忍想像媽媽的心情：一個十八、九歲嫁為人婦的女人，在物質困窘的年代，勉強拉拔四個孩子長大，好不容易么兒也進入大學，可以稍稍解除肩上重擔時，立刻又面對病痛與死亡。

就像書中罹患癌症的青少年，人生才正要開展，他們看著身邊同學快樂地迎向未來，自己的生命之窗卻慢慢地關上，這種絕望是他人很難體會的。

感同身受說得容易，但是基本上是不可能的，你沒有真正經歷過，就無法體會當事人的心情。雖然有同病相憐的支持團體可以彼此安慰，但是正如書中主角海瑟所說：「那是個令人沮喪到極點的地方，當你看著成員一個一個消失，或許那只是不斷提醒你不久就輪到你的恐懼。」

幸好有書，幸好有這本書。

作者就是有本事透過文本全知全能的特異功能，深入每個人物的心靈與情緒，讓不管是自己現在罹病、親友罹病，乃至最終必須面對病痛死亡的每個讀者，因為理解而獲得安慰。

閱讀與心理諮商師的面談輔導不一樣。書可以反覆再看，可以依自己的情緒而看，可以依自己的理解速度來看，當然也可以依自己的喜好看或不看。就像書中虛構的書中書《莊嚴的痛苦》，主角海瑟一看再看，從書中獲得安慰與平靜。我相信這本書也可以給予我們不同的啟發。

海瑟從十三歲罹病後就封閉自己，不敢奢望獲得愛，她說：「我就像一顆手榴彈，到了時間點就會爆炸，我只想把傷害降到最低。」當然，她是錯的，就像她還是愛上了另一顆手榴彈，即便這顆手榴彈比她自己還早引爆，即便她因此受到傷害，但是這個傷害是值得的，它使得短暫的人生，更加美好。

就像心理學家馬斯洛（Abrabam Harold Maslow）所說的：「死亡和它終將現身的可能性，使得愛，熱情的愛成為可能。」在這匆匆一生中，死亡逼使得我們面對，究竟什麼是我們最在乎的？

作者說：「憂鬱症是癌症的副作用，或者對每個人都通用的，是死亡的副作用。」面對必然的死亡，人必須思考，存在是否有任何意義？如同柏拉圖說：「哲學便是死亡的練習。」

這是每個人終須面對的課題，就從這本《生命中美好的缺憾》，讓我們開始這個重要的練習題。

生命中的
美好缺憾
The Fault in Our Stars
病痛不是懲罰，
而是提醒你，身邊的人有多麼愛你。
John Green

這些人，那些事
吳念真—著

B寶：

說到生命的缺憾，我想到最近讀吳念真的《這些人，那些事》，好久沒有這麼激動，一站就是三小時，眨眼間書本開了又闔上，片刻也不想停地看完了。好多故事，輕描淡寫得像雲霞般晃眼而過，傳神傳奇地像小說情節，但當你知道每則短篇就是一個生命的軌跡，卻是如此沉重、滄桑。

三兩句描繪，腦中的微電影開始自動放映。吳念真沒使用美麗詞藻讓我目眩昏頭，他樸實真誠的筆觸，使我更貼近礦坑小人物的生活。

故事的場景九份，給人悲情浪漫的幻想，礦坑則是神祕蒼涼的。發生在作者身旁的故事，明明就是幾十年前的一件瑣事、一個瞥眼轉頭、一次惡作劇……像是昨晚剛製造的新聞，情節細膩而令我折服。比較喜歡長篇小說的我，卻意外愛上作者的短篇故事，無非是因為作者即便在這麼短的篇幅，仍能製造出高潮迭起的情節，有時直轉而下或戛然而止、或餘韻悠然。看作者巧妙的筆法，怎麼讓強大的能量用一兩句轉折，瞬間凍結；該怎麼讓平凡的生活經歷，醞釀出陳年老酒般的味道與記憶。每個篇章、每個人物，短短幾頁，卻感覺認識那些人好久好久，一定要來聽聽吳念真用生命講故事。

## 成為更好的公民

# 《正義：一場思辨之旅》

——邁可．桑德爾 Michael Sandel

A賓

**對艱難道德問題的思考過程，瞭解我們的想法及其原因，有助於使我們成為更好的公民。**

深褐色的大禮堂像羅馬競技場，千百位學生熱切地注視著場中央，不是期待著纏人的正義與思辨將教授給吞噬，也非冀望教授將之征服。劍影疾揮，針鋒相對，最精彩的莫過於你來我往中，容不下幾秒鐘神遊，耐人尋味卻又難解的正義思辨。

《正義：一場思辨之旅》與網路上廣泛流傳的課程影片，五十五分鐘的正義課，即便坐在銀幕前，我仍戰戰兢兢，稍稍不留神就尋不著他們論戰的軌跡。當遠古時代的哲學思想看起來不再那麼遙遠，當康德（Immanuel Kant）與羅爾斯（John Boardley Rawls）不再是與我八竿子打不著的人，當公民課不只是螢光筆與「背多分」，思辨在我靈魂深處隱隱蟄伏。

7 9 折優惠
大和圖書
正義
一場思辨之旅
JUSTICE
WHAT'S THE RIGHT THING TO DO?
邁可・桑德爾
MICHAEL J. SANDEL
為了報仇看電影
韓松落／文・攝影
夢想力
Dream Power
找到住在台灣的理由 活出自己的價值！
超越達人
17位專家領航，開啟孩子的飛揚想像
20歲招人脈，30歲拚事業
金萬基 著
商周出版
「中學生」世紀之聲演講文集
天下
誰搬走了我的乳酪？

在辯證過程中，不需分個你死我活、誰對誰錯，悄悄地，原先的堅持開始動搖。「好，就此打住一下，有誰可以給他一個回應？」桑德爾教授銳利如鷹的眼神，掃視全場，巧妙地讓學生跨越世紀與大師心靈相契。思辨是需要勇氣的，敢與眾不同，敢將自己的思想赤裸裸地公開，桑德爾教授引領大伙兒剖析「正義」。

最古老的正義源自於「對的行為」，桑德爾教授的二十四堂正義課，就在探討：「該如何做才正確？」從小故事切入，回答做與不做已經不是重點，也非投票表決就能得到心安理得的決議，行為背後的心情與掙扎才是驚人之處。他從維尼熊吃蜂蜜談到目的論：為何耳旁會有嗡嗡聲？是蜜蜂發出的；為何會有蜜蜂？因為要釀蜂蜜；為何要有蜂蜜？因為那是我的食物。雖然維尼熊唯我獨尊，但是，這與亞里斯多德強調的「萬物皆有目的」不謀而合，從亞里斯多德想到吹笛手與最好的笛子：到底誰有權擁有最好的笛子，是最有錢的人？最漂亮的人？還是最會吹笛子的人？暫且不考慮實際可能的結果，就笛子被創造的原因來推論，「最會吹笛子的人」才能充分發揮「笛子應該發出的美妙音符」。

我瞭解哲學家們憑空想像的奇怪理論，也許會有很多道德與規範的合理詮釋。應報正義與分配正義是正義討論的兩大範疇，不論是積極平權主義（特定族群入學優惠待遇）或討論現代人該不該背負歷史責任（比如：猶太人、澳洲原住民），甚或是儒家的「愛有等差」和墨家的「兼愛」，仔細推敲，正義始終離不開道德。

「對艱難道德問題的思考過程，瞭解我們的想法及其原因，有助於使我們成為更好的公民。」是人性、是我們存在的本質與美德使我震懾，正義這門課實在很難消化，卻也無比精彩。

生命意義在於賦予生命的意義

## 《你就是改變的起點》

A寶

——嚴長壽

**如果你曾無力困惑，卻始終不願放棄對臺灣未來更好的期盼，**
**你一點也不孤單。我們都一樣，在黑暗中摸索前進，**
**努力讓自己成為照亮改變道路的那一盞微光。**

這是嚴長壽先生最新出的書，內容多半與臺灣教育相關，他為青年們的未來感到憂心。打從國中開始，我接觸到他的第一本書《總裁獅子心》，就非常感動。這種感動一直到繼續閱讀《做自己與別人生命中的天使》、《你可以不一樣》、《教育應該不一樣》等書都延續著。在字裡行間中，我好像聽到一位閱歷豐富、和善的長輩，用無比誠懇卻十分焦急的口吻對我們疾呼逐漸被遺忘的態度與價值。

《你就是改變的起點》就是交雜這些複雜情緒的一本書，失望中有鼓勵、期待裡有叮嚀。面對眾人無奈與無感的政治，作者提醒我們要培養自己的觀點、不被操控和不被收買的能力。面對競爭力及變化莫測的教育體制，作者舉了體制外學校「華德福」為例，替理想的辦學與學生應被教育的能力下註解。面對世界、未來，作者雖沒明確的指導方針，但仍苦口婆心地強調態度的重要，並以「The meaning of life is to give life meaning」（生命意義在於賦予生命的意義）作結，希望我們在學習的同時懂得給予與付出。

或許閱讀這本書會有那麼一點老生常談的味道，但文中總會適時出現活生生的例子，讓我們瞭解老生常談的必要。我很喜歡〈打破一切限制，迎接數位學習大趨勢〉這篇，因為未來趨勢和我密切相關，也與現在所有學生密不可分。數位學習是目前進行的教育大變革，只要我們有熱情與動力，便無處不能學習。

Coursera、Udacity、edx是三大規模的線上教育系統，其中，Coursera的成長突飛猛進，到二〇一三年十月初，短短二十個月的時間，便開放了全球一百零八所知名大學、六百二十九門課。線上Coursera的課程與一般大學上課情形相近，來自世界各地的同學利用網路論壇與平臺分組討論，也有課堂測驗、作業與考試。作者說這些討論方式會慢慢走向實體，論壇上的同學可能會定期見面、面對面討論。在看這篇文章之前，我已知道Coursera這個「網路大學」，但沒有這麼深入地瞭解。作者不僅深入介紹數位學習的趨勢，也讓我們看到數位時代的面貌。

曾有大學教授指稱現在的大學生像「人形墓碑」，問了不回應、默不作聲，不知道在想些什麼。我想，這本書的目標之一是慢慢喚醒這些人形墓碑的意識，期待年輕人活出自己精彩的人生。

天下文化
天下文化
心理
勵志
344
你就是改變的起點
定要成長?

## 脆弱又強韌的生命
# 《蘇西的世界》A賞
——艾莉絲．希柏德 Alice Sebold

**我的死引發了這些改變，有些改變平淡無奇，有些改變的代價相當高昂，但我過世之後所發生的每件事情，幾乎件件具有特殊意義。這些年來，他們經歷的一切就像綿延伸展的美麗骨幹一樣，把大家緊密地結合在一起。**

愛上一個人，需要多少時間？原諒一個殺死自己的人，需要多少寬容？眷戀塵世中的親情，要多少勇氣才能放手？

《蘇西的世界》為近幾年的暢銷書。成為暢銷書的原因是作者將自己念大學時被性侵的痛苦經驗轉化在書中。比起她寫的自傳式小說《折翼女孩不流淚》，作者跳脫了只是被害者的身分，用更豐盈的角度詮釋並且面對現實社會中愈來愈多的性侵案例。圓融的觀點讓本書不只是單純地述說故事，更帶領我們思考生與死的議題、人與愛的關係。

本書主角蘇西與作者艾莉絲．希柏德有相似的遭遇──被性侵，但卻有截然不同的結局：蘇西死去且哈維先生始終沒被抓到，甚至又將再次犯案；而作者活了下來，並且將曾性侵她的男子通報警局，最後他被判終身監禁。作者對於蘇西命運的安排有很值得思考之處。艾莉絲的傳記小說《折翼女孩不流淚》與《蘇西的世界》有很不同的氛圍，從其英文書名《Lucky》，可以覺察她真的覺得自己很幸運呢？還是一種另類的反諷手法？

起先讀完《折翼女孩不流淚》我想這標題應該是一種對上天沉痛的申訴，但接著讀《蘇西的世界》，我想作者希望藉由蘇西模擬「如果自己死了」世界會如何。「『活著才會長大，』我對弗妮說：『我想活著。』」縱然可以像小飛俠一樣永遠是個小孩，但看著手足、好友們長大，她也渴望可以成長、可以愛人、被愛。當作者被性侵時，也許在她腦中想著，她寧願死去。但從本書可知：她慶幸自己活了下來。比起被同一名男子、在同一個地點性侵的另一位女孩，她死了，艾莉絲卻活了下來，她覺得自己幸運多了。

《蘇西的世界》多處運用隱射、反諷、對比、預言等手法，從各種角度描寫蘇西與

蘇西的世界
艾莉絲・希柏德／著
施清真／譯

其所愛之人交織的情感。並透過蘇西全知者的敘述視角，我們就好像天上的神，以一個超然角度俯瞰人間發生的所有事。細膩刻畫心路轉折，正如同悲傷的五個過程：「一、否認階段，二、憤怒階段，三、討價還價階段，四、沮喪階段，五、接受階段。」故事發展合情合理，不失真實，又略帶些超現實，作者試著將大家拉進我們可能一輩子也碰不到，又可能隨時會暴露的危險中。

面對生與死，每個家人與朋友都呈現了不同的態度。但不管八年來他們以什麼方式各自面對、攜手克服。最終，作者如此詮釋生命：「我的死或許讓他們的生活失序，但生命終將長出新的骨幹，在不可知的未來，他們一定能重拾圓滿的生活。」「這本書會從你無法想像的恐怖開始，但卻以超乎你盼望的美麗結尾。」封底的這段文字沒有阻止我進入書中，墜入了故事情節，我看見生命的脆弱與強韌，我看見報復與原諒，即便這是個以死亡為核心的故事，但這本書卻又傳達出無限的生命力量。

這是一本充滿能量的書，一本教育的鉅作，更是作者的自我療傷。就像蘇西與家人，他們都從傷痛中痊癒了，留下一抹淺淺的疤痕是對蘇西永遠的懷念。每個角色都在創造自己的生命，小說精湛地刻畫每個人活出自己的同時，對生活周遭的人影響仍不可磨滅，甚至是心靈、性格的轉變。

我喜歡作者的結尾，不是憤怒與自憐，反而是充滿生命力的祝福。每個生命都是一場祝福，縱然這聲祝福是輕是重、是緩是急、有長有短，但祝福的本質與內容無非是喜悅與愛。「愛，充滿在人生中，你沒有愛，也就沒有了人生。」生命是由愛構成的，在《蘇西的世界》中，不管面對生抑或死，愛是解釋一切的鑰匙。

## 正向使命感

# 《見人見智》 A寶

——洪蘭、曾志朗

**閱讀可以幫助同理心的建構，**
**從瞭解別人的感受進一步到從別人的觀點看事情。**

從這個書名可以對本書略知一二，細看作者是洪蘭與曾志朗，便知道這本書可能充滿豐富的知識性對話。

不同於《對照記》由楊照、馬家輝、胡洪俠三位來自兩岸三地的作家針對同一個題目各自發揮，這本書沒有統一的命題，甚至他們的大方向題目都截然不同。洪蘭比較偏重科學方面，而曾志朗著重的是人文方面的精神或故事。兩人看似各說各話卻可以巧妙地呼應，都秉持著一股希望社會朝正向前進的初衷寫這本書，所以可以感受到從紙張裡飄出的正面能量。

我和妹妹曾以交換日記的形式與同為中學生的同學分享我們的生活體悟。可能是分享同一部電影、書籍中得到的收穫、生活中發生的事情，因為主題相似，內容沒有很多「引爆點」。而這本書有「引爆點」，而且有「知識性」。除了作者的心情抒發，還有大量舉例，或是用有趣的科學、心理實驗來印證文中觀點。

高中時，我被磨練得很會寫文青型散文，排比、類疊、譬喻充滿整篇文章，但其實真正能讓人閱讀後有新知的是知識型散文。身為教育界人士，洪蘭與曾志朗關注的是教育、學習、品德等，所以文章傳達著濃厚的使命感。

書中，作者們一而再、再而三地說明閱讀的重要。閱讀不但可以幫助建立同理心，讓我們透過書中人物瞭解別人的感受，並從別人觀點來看事情，也是創造力、快樂的來源。的確，這本書是一本老生常談的書，裡頭的核心觀念都是我們知道的事，但是如果從科普的角度切入，那就別有一番風味了！

追尋角落的
微光

## 服務是最美妙的禮物

# 《追尋角落的微光》

——程敏淑

A寶

**一個人很渺小，但群眾有撼動世界的力量。當深深的無力感伴隨著那些故事盤踞在身後左右時，說出來變成一種必須，是抒發，或許也是種轉機。**

這他們擁有蒼穹，卻看不見生命裡屬於自己的一片天空；他們建造了這個城市，卻不屬於城市的一份子；他們是大山的孩子、是暗暗街角邊舊報紙下蜷曲的身軀……

在印度的混亂街道上，夾雜著旅人、貴族、更多是隱形人。街友們不是甘心一輩子被冷漠的餘光瞪視，而是沒有人願意給予尊重；女性們不是沒有力量，而是被剝奪了表現力量的環境；孩子們不願沿街乞討、不願在幽黑中織布，可是沒有機會讓他們脫離殘酷的命運、讓他們重返正常人生。

在河西走廊西邊的西大灘，是社會資源還未進駐的角落。女孩麗萍常常以白開水為餐，屢屢獲獎卻將獎狀都燒了，為了警醒自己不可沉溺於往昔的榮耀。男孩興平考上了最好的高中，母親雖盪著微笑卻同時皺著眉，「沒考上要煩惱是不是不夠努力；考上了也要煩惱沒錢上學……」有著綿延無盡的青草做操場，下課了，人人卻捧著書或坐或臥，或慢慢來回踏步，一聲聲吶喊：「斷了窮根子，走出西大山。」

辭去城市裡的教職返回家鄉西大灘的楊校長，他明白這是多麼渴望教育滋潤的土地。即使得深入幫派、即使會被打的遍體鱗傷、即使得跋山涉水找回中輟生，因為使命、因為愛，他們願意做孩子的天使，讓孩子渲染暖暖微光。

隨著伊甸志工的身影，隨著《追尋角落的微光》，我穿入了好多生命。我愛那段文字：「在你的生命中，總不斷有新的人進來，舊的人離開，如果每次分離都要悲傷，那你就不能好好享受當下的快樂。」服務是最美妙的禮物，它領著我們進入更深一層的心靈，碰觸更誠摯的生命。

## 在紛擾世界中找到自己的立場

## 《致命的均衡：哈佛經濟學家推理系列》A賞

——馬歇爾・傑逢斯 Marshall Jevons

## 《大家都站著》

——熊秉元

**無論如何，人就是人。**
**人雖然會隨著環境的改變而調整自己的行為；**
**但是，追根究柢，人總是在自求多福。**
**因此，掠去表面的現象而探究根本的原因，**
**才能掌握物問題的本質和尋求改變的可能。**

《致命的均衡》讓我看到經濟學的迷人之處，也明白為什麼序言裡說到「隨著時代改變，現代人和商人世界的關係日趨緊密。如何在紛擾的世界中找到自己的立場，應是重要的事，而經濟學幫助非常大」。雖是一本「經濟學入門書」，作者運用看似複雜卻

經濟新潮
美國百所大學經濟系指定課外
致命的均衡
The Fatal Equilibrium
哈佛經濟學家推理系列
馬歇爾・傑逢斯
Marshall Jevons ◎著
葛窈君◎譯・清大經濟系 劉瑞華 導讀
這是個引人入勝，構局嚴謹又充滿趣味的懸疑故事，很難想像還有什麼比這更愉快、更不費力的方法，可
以吸收到充分的經濟學知識。
—諾貝爾經濟學獎得主 米爾頓・傅利曼
低成本的方式學一些經濟學，本書達到了令人愉悅的均衡。

大家都站著

精彩的劇情把我們帶入主角——哈佛經濟學教授史匹曼的生活中，跟著他以「經濟學之眼」走入賣場、走入學院甚至一同破解離奇凶殺案。

從購買一條褲子，經濟學家疑惑著為何搶著賺錢的廠商會一而再、再而三且極為有耐心地讓我們退貨、換貨；到郵局寄信，因為重量些微的差異引發郵資爭議，可以聯想到低度均衡所引發的是社會問題；透過朋友愛搭國產車的習性，思索著經濟所支持「人是自利」的觀點。他不停地對日常生活拋出「為什麼」。

某些百貨公司竟讓名牌商品按日降價，這怎麼一回事？買者期望商品降到最低價時再購買，卻同時負擔著隨時會被其他消費者搶購一空的風險。不同於正常拍賣會上以出價最高者得標，這種百貨公司選擇更令人緊張的買賣模式，與消費者鬥智。

經濟是一場場選擇，選擇要為多貴的商品殺價多少分鐘、選擇是否要完成交易、選擇買與賣。經濟也是與價格、價值的論戰，數字計算只是釐清問題的一種方式，核心的研究是探討人性。經濟最終的目標是均衡，當市場上供給經買賣雙方爭執、讓步、妥協最終等於需求時，便達到了雙方都歡喜、認可的狀態，即為均衡。

很喜歡書中解釋各個學門的差異，經濟學清楚地解釋各式各樣人的行為；心理學專於解釋異常行為，預測精神罪犯反應；社會學致力解釋社會習俗及大眾文化中共通的道德觀；人類學的重心在非文字的神話傳說。短短幾字就描繪出各個學科的精神。

經濟學的中心思想是追求最大效用。除了《致命的均衡》，熊秉元教授的《大家都站著》也是淺顯易讀的經濟學科普書。當大家都站著，誰敢獨自牢牢地坐在椅子上？熊秉元教授除了講述交易、經濟理論與日常生活的應用外，更進一步從經濟的角度切入社會科學的廣大範疇。

從看球賽時常發生的荒謬：大伙兒為了看清楚比賽而紛紛站起身，反而沒人能看清楚。他聯想到：現今生活物價高漲，雙薪父母的比例高，但生活品質卻有下滑趨勢。到底人類的行為模式如何演變？熊秉元教授佐以細微卻令人驚訝的真實案例，以強而有力的各家經濟學者論點與學說作為根基，進行多場精彩的辯論，論生命之價值、論價值與價格、辯制度、談人性，《大家都站著》這本書值得細細品味。

資源的歸屬

# 《錢買不到的東西：金錢與正義的攻防》

——邁克．桑德爾 Michael Sandel

A寶

**生命中某些美好的事物，一旦被轉化為商品，就會淪於腐化或墮落。**

眼睛望著銀幕失了神，一不小心就跟丟了你來我往的論戰，被專有名詞堆砌的對話弄糊塗。看《正義：一場思辨之旅》真是一大挑戰，聚精會神地聽百家爭鳴的道德論點，一鬆懈便會迷失在哲學的辯證裡。《正義》一出版便成為老師們授課的延伸讀物，國文、生命教育、公民等各科老師都帶領我們進入桑德爾的課堂。

最新出版的《錢買不到的東西》，桑德爾一樣試圖帶領我們深入探究「正義」。這次他談的是市場、金錢的正義。相對於《正義》，《錢買不到的東西》探討的問題更貼近我們的生活。「生命中某些美好的事物，一旦被轉化為商品，就會淪於腐化、墮落」是貫徹整本書的觀念。

書中提到許多我們難以想像、卻發生在現實生活中的事，諸如，美國加州有幾個城市，非暴力犯罪的受刑人可以付錢住到較好的牢房；每年付一千五百美元以上給特約醫生，醫生會提供自己的手機號碼及當天即可看診的待遇；窮人在不公平的情況下可能為

了一家溫飽而賣掉自己身上的器官……錢！錢！錢！我們正朝著每樣東西都可以買賣的社會演進。

書中提及遊樂園排隊與倫理的喪失，令我印象深刻，遊客可能會花上好幾個小時排隊，才能玩到最熱門的設施，但現在許多遊樂園紛紛提供可避免排隊等待的方法：如果願意支付比一般門票貴一、兩倍的價格，就可以擁有排在隊伍最前面的許可證。有些業者為了避免遊客反感，甚至會引導這些貴賓從後門或不同門進入。這種方式豈不成了變相的階級制度，對付不起高額門票的人來說是何等不公平啊！作者點出更深一層的看法：出售這些東西等於以錯誤的方式在對待他們。因為錢的出現，使排隊玩遊樂器材出現了不一樣的價值。

錢可以買到一切嗎？想起暑假去臺東的美麗灣。原本是全民共有的自然海岸，政府卻「BOT」給私人企業。私人企業計畫在海邊蓋旅館，此舉將把沙灘圍起來，限制一般民眾進入。但有錢真能買下蔚藍的海岸嗎？我想這不僅牽涉到環境問題，還隱藏著「出售這些東西等於以錯誤的方式對待環境」的概念。大自然應該是全民的資源，不該屬於任何一個人或團體。當錢可以左右公平正義、主宰一切，這個社會就離我們的理想愈來愈遠了。

## 超凡與平凡的界線

《異數》A寶

——麥爾坎．葛拉威爾 Malcolm Gladwell

《出走，是為了回家》B寶

——劉安婷

**如果要成為某一個領域的高手，至少要練習到某一個程度。研究人員相信，真正的專精必須經過一萬個小時的錘鍊。**

閱讀葛拉威爾的《異數》猛然一驚，原來成功和我們想像的不一樣。在閃爍奪目的聚光燈下，我們常常忽略成功者披荊斬棘的艱辛路程，認為達到如此成就，除了不斷努力外，他們不放過一絲機會。但要努力多久呢？「十年寒窗無人問，一舉成名天下知。」十年代表一萬個小時的苦練，一萬個小時就是敲開成功大門的神奇數字。葛拉威爾列舉出許多成功人士的例子，發現專注努力一萬個小時是他們的共通點。（如果十年間，每天都練習三小時，三乘三六五乘十，一萬個小時之後才會成功！）我常常練一個

Telesonic
超凡與平凡的界線在哪裡？
異數

天下文化
出走，是為了回家
普林斯頓成長之路
劉安婷

小時扯鈴就喊累，彈琴一個小時就喊苦，若想要獲得些許成就，這些根本不算什麼。

書裡也舉出一些靠機會成功的例子，這些機會看似不起眼，卻是引人致勝的關鍵。一項驚人的統計：曲棍球職業好手幾乎大多出生於年初，因為一～三月比同年出生的選手高大些，這小小的差異使他得到更好的機會，出類拔萃。

「學會脫離部分身分，擺脫傳統的束縛。」這也是成功必要的條件。葛拉威爾以韓航墜機事件為例支持這項論點，根深柢固的階級之分，竟成語言上的束縛，以致於員工發現上級長官做出錯誤指令時，不敢提出指正，無法進行平等的溝通。我常常以自己的角度剖析事情，固執己見、缺乏寬闊的視野。《異數》提醒我放下成見、身段，以恭敬平等的心面對挑戰。

我們無法預見未來，但要先準備好自己，以堅信的姿態迎接，隨緣發展。相信每一個結果都是上天最好的安排，命運會引領我們進入屬於我們的天空飛翔。

**B寶：**

姊姊說到成功，我想起《出走，是為了回家》的作者劉安婷。

當我說要推薦這本書時，姊姊馬上慘叫：「不行啦！她太強了，她的例子不可複製！」我和姊姊常寫文章分享自己的生活經驗，不是覺得自己很厲害，而是認為這些經驗都是和大家相類似的，也就是說可以被大家「複製」。但是劉安婷，一個曾登上報紙頭條的臺中女中及普林斯頓大學畢業的高材生，亮麗絢爛的求學路像是無法企及的夢幻之旅，我似乎只能把她看作傳奇，配上幾聲驚呼就得趕快闔上書本，免得她的耀眼灼傷我的雙眼。

但在耀眼的背後，我們看到挫折與恐懼；在豐富的人生閱歷中，我們看到謙卑與省思。書中很多故事都可以拍成電影，很有張力又有深刻的反省。書中提到她在法文課反敗為勝，情節血脈賁張，讓人深自勉勵。從被教授看扁到全班熱烈為她鼓掌，其實看似「超級變態」的語言天才，只是擁有比我們更強的決心和企圖心。她在監獄裡擔任教師，每天不厭其煩地回答學生「你為什麼要來」的疑惑，終於說服學生誠心相信。她在非洲、海地當志工，用創意勾起學生的學習動力，並且日復一日向從不開口的小女孩問好，即便女孩始終沒有回應，直到最後一天，女孩向她腳邊衝來……她自剖浪漫愛情的悲情結局，坦言曾經瘋狂、曾經迷失在酷炫潮流中，然後如何跨出舒適圈。

然而，最不容易的不是她過關斬將的傲人履歷表，而是她回家了。在國外打轉，闖出一片天，那值得恭賀，卻對家鄉毫無影響，所以她選擇回到養育她的這塊土地，將自己汲取而來的養分與能量，灌溉回饋。

Yes, she can! How about me? 又是一個mission impossible，劉安婷的經歷像浪潮般一波波狠狠直擊我的大腦。其實，我也可以的，我這麼告訴自己！閱讀完這本書，真的有很深的慚愧與反省，你會發現「不可能」只是藉口。

## 獨一無二的魔術《越讀者》A寶

——郝明義

**除了愛情，沒有任何事像閱讀這樣讓我們覺得，遲來的開始也可以如此美好。**

**即使愛情，也沒法像閱讀這樣讓我們覺得，越界之舉，可以如此新奇。**

《越讀者》是一本佳言與新穎觀念密度極高的書，我非常喜歡作者郝明義，他的其他著作，例如，《工作DNA》也是一本值得思考的書！

「我們已經熟悉Winner takes all.（贏家通吃）的說法。其實，只要把winner替換成reader，另一句話就是今天的寫實——Reader takes all, or nothing.」作者認為閱讀在當代社會極為重要，網路與書籍交互激盪出綿延的密林，只有超越界限的讀者才能盡享廣闊天地的一切富饒。而面對這種reader takes all的時代，我們必須建立自己個人的知識架構。

作者透過自身的例子，告訴我們如何建立自己的架構之樹。首先，他把書比喻成食物，閱讀不同種類的書就好像吃主食、蔬果、魚、甜食……我們必須學會將書分類，再依「適當」比例去攝取。

我喜歡這本書有一個重要原因，那就是他的文案：「除了愛情，沒有一件事情像閱讀這樣讓我們覺得，遲來的開始也可以如此美好。即使愛情，也沒法像閱讀這樣讓我們覺得，越界之舉，可以如此新奇。」多美的一段話啊！書是一種獨一無二的魔術，像是隨身攜帶著一扇從現實中越界的逃生門。盯著智慧型手機、Line、FB……這些科技不能帶著我們想像，但是乘著書的翅膀，我們可以看見多不勝數的人生，觀賞從沒看過的風景，體驗不曾有過的愛恨情仇，可能活了一輩子都不會遇到的人生。

我喜歡作者以理性分析的角度訴說故事。一講到閱讀，我們多半會對教科書恨得牙癢癢，認為教科書破壞了我們的食欲。作者不批評，只給方法：「教科書被歸類為維生素，它補充我們的營養，但是它本身不是主食，不能跟澱粉質畫上等號……」此外，他還補充了分析閱讀（也就是快速抓住重點，速速讀完一本書）的方法。

Reader takes all, or nothing.，看完這本書，我覺得充實而美好！

越讀者
沒有越界，不成閱讀，尤其在網路時代。
郝明義 著
Reading in the Internet Age
Les Misérables
THE BOOK of TIME
CHRISTINE SPARKS
THE ELEPHANT MAN
新約聖經
NEW TESTAMENT
TO THE END OF THE LAND
DAVID GROSSMAN
LITTLE WOMEN
THE HUTCHINSON TREASURY OF CHILDREN'S LITERATURE

## 驚人的偶發力

# 《錫蘭式的邂逅：我在創意之都矽谷的近距離觀察》

A寶 B寶

——鄭志凱

**加強偶發力的方法有兩個主軸方向，一是增加邂逅新鮮事物的機率；其次，要培養一雙慧眼，在眼花撩亂的眾多新鮮事物中，必須能在第一時間洞查出獨特的訊息，及時掌握。**

**A寶：**

serendipity是英文裡最美的字，它的意思近於「邂逅」，但不同的是，serendipity不限於人與人之間的相遇，更可以指與智慧、經驗及知識的相遇。舉例來說，科學界若缺乏偶發力，不知有多少歷史會改寫。從最耳熟能詳的牛頓說起，如果不是坐在蘋果樹下，或是蘋果沒有從樹上掉下，萬有引力搞不好還要晚幾十年才被提出。

Serendipity也是一本兼具人文與科學的書名，中文翻成《錫蘭式的邂逅》。這本書的核心思想可說是serendipity的展現，由創辦創投公司的老闆鄭志凱所寫。鄭志凱透過觀察思考，開啟一場與自己、與時代、與蓄勢待發的青年們的深入對話。學校沒教，我們該如何面對當代與未來？我們該為這時代做什麼準備？除了追求職業的成功以外，如何在時代的激流裡仍保有自我？

我也很愛鄭志凱對閱讀的詮釋：「我們一生中或者一天裡，絕大部分的生命時光是為別人而活的，唯獨閱讀這件事是為自己做的！」閱讀能帶我到遠方，《錫蘭式的邂逅》將領我至創意無涯處。

書中定義「偶發力」為無預期、偶然巧得的發現，作者以創投者敏銳的觸角，用不同視角、不一樣的觀點，發現並探討社會生活中發生的種種事，像在〈冷眼看IP〉這篇文章，作者深入地討論智慧財產權的利與弊，從新聞中的例子切入，帶領我們看智慧財產權的發展始末。

「跟靈感比較，偶發力比較容易訓練。加強偶發力有兩個主軸方向，一是增加邂逅新鮮事物的機會，其次要培養一雙慧眼，在眼花撩亂的眾多新鮮事物中，必須能在第一時間洞察出獨特的訊息，即時掌握。」偶發力要如何訓練？我想，除了多接觸不一樣的環境、保有一顆敏銳的心，更重要的是有底子！要培養自己的基本內涵與知識，否則有了機會也沒有慧眼看見。

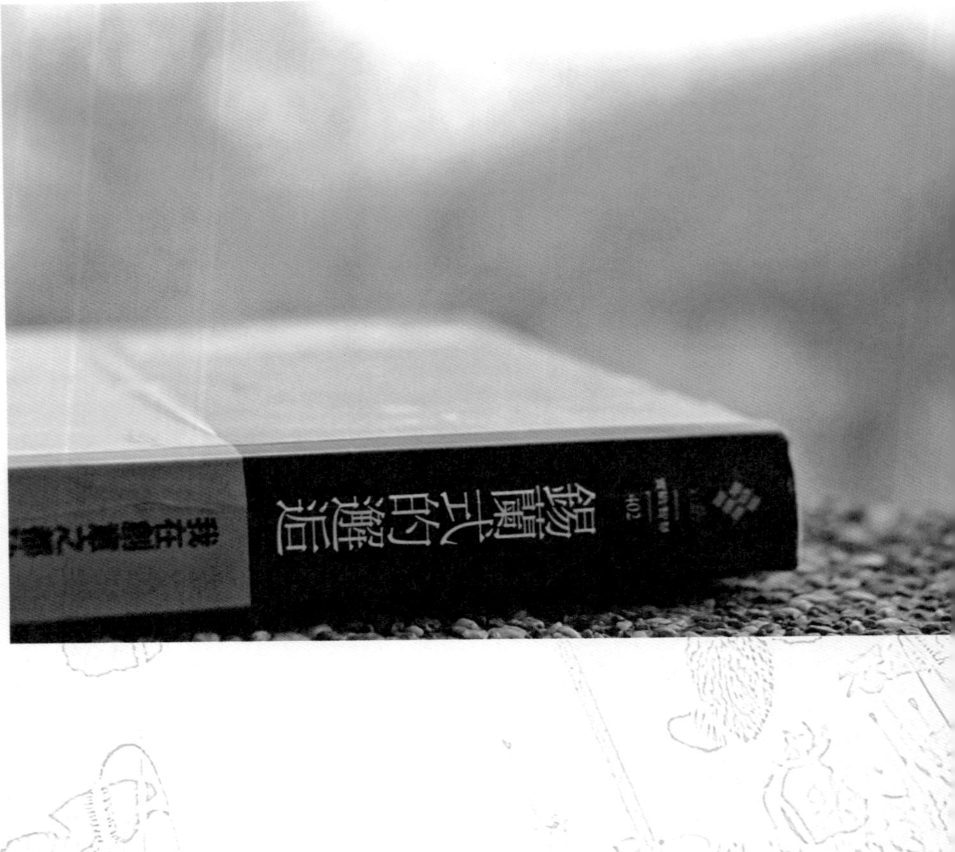

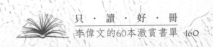

**B寶：**

「一時找不到答案，並不代表沒有答案，將問題提出來討論，也許就是答案的一部分。」我很喜歡書中的這一段話，也正好能呼應我現在正在進行的專題寫作過程，我們卡在結論與建議，終究無法結束。然而，就在最近一次的討論時間，我們彼此分享了所有想法，把心中疑點提了出來，便慢慢有了頭緒。的確，將問題提出來討論，有許就是答案的一部分。

增進偶發力的方法也許是關上聊天室，並將電腦關機，到現實生活裡深刻地與人面對面交談。泡杯茶真正靜下來，為自己讀一本書，以累積自己的「慧眼能力」。閱讀《錫蘭式的邂逅》就像經歷了一場密度極高的「偶發力」爆發，以為只是談創意，卻暗藏如何面對生活的態度；以為只是一本企業投資者才用得上的祕笈，其實是人人用得上的手斧，在激烈演化的現代，劈開一道「我該如何投資自己」的思辨之途。

# Chapter 4

# 我們都在婆娑世界裡流浪

## 臺灣散文的新領地

# 《當老樹在說話》

——王浩一

**透過人與樹，追溯一些吉光片羽，為歷史多了不同論述，也讓古人以更溫潤的方式站在神龕裡，讓後人膜拜。老樹與古人，我以詩說故事，希望我們能有更鮮活的虔敬，認識他們。**

臺南市這些年成為臺灣的顯學，會變得這麼夯，王浩一應該功不可沒，他所寫的書，以及他與朋友在臺南將許多老房子改建成文青最愛的咖啡館、pub或特色旅店，形成「瘋臺南」的狂熱風潮。

除了來自臺灣各地的旅人，還有操著各國口音的背包客，塞滿了大街小巷，不管是來吃美食的、看老建築的，尋訪廟宇古蹟的，或者只是喜歡在巷弄遊逛，閒坐在特色咖啡館的，每個人手拿一本旅遊書，然後得其所哉。

感覺王浩一在臺灣藝文界像是突然冒出來的江湖俠客，一出手就轟動武林，他的弟

當老樹在說話

弟王浩威在臺灣成名已經數十年，大家卻不知道他有這麼一個能寫又能講、文武全才的哥哥呢？王浩一自嘲說：「大家驚嘆原來你是王浩威的哥哥！」我安慰他：「相信不久之後，大家會改口說原來王浩威是王浩一的弟弟！」

在王浩一眾多暢銷書中，我最喜歡這本《當老樹在說話》，我同意詩人向陽評論的：這本書開拓臺灣散文的新領地，是新的標竿、新的界碑，因為這本書有自然生態、有歷史、有故事、有古今對話、有生命感懷，形式上有詩、散文以及攝影作品。

王浩一說故事的功力以及歷史調查的縝密大家知之甚稔，但是他的詩卻令我驚嘆。這本書介紹了二十二棵老樹，每棵都有相片、樹種及生態介紹，再加上一篇充滿歷史情懷的長詩，以及詩後的散文。可是，王浩一說他不是詩人，這二十二篇長詩只是想記錄那「近乎悲傷的幸福感」。

正如我曾詢問王浩威，這麼有才華的哥哥過去究竟躲在哪裡？他回答：「大概他是長子，比較有承擔家庭經濟的責任感，所以學校畢業後就經商，其實他在學生時代是文藝青年。」

或許職場上的理性思維訓練，讓他把內心那種浪漫飄渺的部分小心隱藏起來，就如他說的：「看到秋雲高朗，就說他很宮崎駿；看到月光樹影搖曳，就說它是蘇東坡筆下的宋詞，即可。」因此，很慶幸這本書，讓我們得以一窺王浩一內心不為人知的一面。

這些詩特像在與古人對話，除歷史資料的爬梳，他更佐以數十年職場歷練形成的某些特異功能，因此能理解行為舉止背後隱晦的動機，能揣測古人的心思，能藉著曾在古人生命中有一席之地的老樹，與古人對話，用這種鮮活的方式從另一個角度理解歷史。

詩後的散文則像一位老人家閒適地坐在老樹下，向年輕人娓娓道來，有當下生活的感觸，也有歷史軼事，當然更有我們常常忽略的常識，比如說，我們都知道帝王的墓稱為陵，王侯墓稱為塚，平民墓稱為墳，只有兩位聖人的墓才稱為林，一個是關公墓園稱關林，一個是孔子曲阜墓園稱為孔林。至於古人習慣在墳前種樹，其實也非常有學問，那些典故都在說書人王浩一口中緩緩道出。

我相信有很多人會和我一樣好奇，為何王浩一文字涉獵的領域非常廣，除了美食、歷史與建築之外，生態、文學、哲學，甚至攝影、繪圖幾乎樣樣精通。

他這麼回答：「我是雜食性閱讀，興趣也是多元的。」因此這本書如他所形容，就像一道道巴黎小酒館濃淡有序的餐食，有餐前酒配上乳酪，接著是新鮮時蔬沙拉，再搭配著外酥內軟的麵包，私房食譜主菜淋上主廚風味醬汁，佐著合宜的葡萄酒、甜點，最後還有完美的咖啡。

是的，這是一本豐富且令人回味的書，我極力推薦。

## 建立海洋文化的起點

# 《Formosa海平面下：浮潛臺灣婆娑之洋．美麗之島》

——陳楊文

**海洋一點也不可怕，但也不是無窮盡的寶藏，無法取之不竭。不絕的是存在人的心，每取自海洋一絲一物，都應以感激之心對待。**

相信陳楊文與我一樣，都是瑞秋．卡森（Rachel Louise Carson）的粉絲。我總是覺得，不管哪一個國家的人，都欠瑞秋．卡森一個人情。因為對於大自然終生不渝的好奇，以及對萬物生命的關懷，她以溫柔卻堅定的努力，開創出全世界的環境保護運動潮流。

瑞秋．卡森在一九六二年出版了《寂靜的春天》一書，描述因為人類使用殺蟲劑與許多化學農藥，傷害了土地以及許多生物，並透過食物鏈而幾乎擴及到所有生態環境。因為這本書，美國成立了世界上第一個環保署，一九七二年，有一百多個國家代表聚集在瑞典舉行「全球環境會議」，同時，聯合國因為這個會議的建議，成立了聯合國環境署，開啟了全世界國家在環境議題上共同合作的新紀元。

瑞秋・卡森是一位海洋學者，除了《寂靜的春天》之外，她還寫了海洋三部曲——《海之濱》、《海風下》與《大藍海洋》，這三本書也是美國，乃至全世界民眾認識海

岸與海洋重要的啟蒙書。

同樣的，從陳楊文前年出版的《一個潮池的祕密》到這一本《海平面下》，我們可以瞭解他的企圖與使命，建立屬於臺灣的海洋三部曲，讓住在海島的臺灣民眾認識臺灣的海洋生態。

我很早就認識楊文，他是「荒野保護協會」從籌備、成立、建立組織制度到走向國際十多年成長過程中重要的核心幹部。他出生在目前是「臺北自來水博物館」現址的水源地，對於自然環境因人為不當開發所遭致的破壞深感痛心，因此以守護環境為生命職志，除了調查、研究之外，也致力於推廣環境教育，希望能引領民眾從接近大自然，然後認識、喜歡，甚而被感動，這種發自內心的感動才是環境保護永不止息的力量。

臺灣是海島，但是絕大部分臺灣的民眾沒有機會感覺到海，體會到海洋的存在。臺灣在解除戒嚴之前，海岸是人民不能接近的禁區。解除戒嚴之後，海岸沒有受到重視，短短不到二十年，海岸就在我們的忽略中被摧殘殆盡。西海岸從北到南，幾乎被海堤及河口堤防圍堵，這些堤防設計又經常缺乏親水性的景觀考量，於是成了新的萬里長城；東海岸全都是巨大的消波塊，重重屏障，隔絕了人與海。

臺灣豐富且多樣化的海岸線快速淪陷，除了海堤、垃圾、公路，還有各種「重大建設」：核能發電廠、火力發電廠、垃圾掩埋場、廢水處理場、工業區、新生地……

臺灣是一個島，但是臺灣人無法接近海岸。

有許多人夸夸而談臺灣的海洋文化，說臺灣是個海洋國家，其實到目前為止，我們沒有傳統的海洋習俗，很少接近海、看見海，生活中沒有海，當然也就沒有屬於海洋的文化。

不過，臺灣的確是個島，海洋文化所代表的寬容壯闊、勇於冒險、視野恢弘，甚至面對海天一線所呈現的純真浪漫，的確是值得追求或塑造的文化意象。可惜的是，倘若我們沒有改變與海洋接觸的關係，臺灣所追求的海洋文化只會變成「海鮮」文化！君不見各地縣市政府推動海洋文化所舉辦的活動，不是「鮪魚季」、「曼波魚季」就是「活魚幾吃」。臺灣觀光客來到海邊，最重要的事就是大啖海鮮。沒有人仔細地感受海，想像海所延伸出去的無限世界，臺灣人念茲在茲的只是好吃的海鮮。

當我們看不見海，就不可能變成海洋民族，只會形成島國心態。島國心態與海洋文化剛好是對立面，海洋文化象徵了勇於冒險及天真浪漫；島國心態則是胸襟狹窄、眼光淺短且困於內鬥。

想要塑造臺灣的海洋文化，首先得讓大家認識海，陳楊文的這本書將會是很好的起點。

## 發現大自然的神祕與驚奇
# 《神奇酷地理之熱帶雨林》

——阿妮塔・加奈利 Anita Ganeri

**神祕的雨林，勇敢的探險家探索著**
**有著全世界一半左右動植物種類的生態寶庫。**
**雨林裡除了美麗的花朵和奇特的植物，其實「噬」充滿危險的「蔓」荒之地。**

我相信臺灣學生都可以不假思索地說：「熱帶雨林是地球的肺，也是物種最豐富的地方。」用功一點的學生甚至知道雨林正以每秒一個足球場的速度消失，全世界的物種也因而快速滅絕中……

這些知識不是不重要，但是當我們周遭的環境只成了孩子必須背誦考試的數據時，不只可惜，甚至影響孩子學習的動力與熱情。

我總覺得每個孩子在幼小時，對世界萬物都有與生俱來的好奇心，可惜的是往往在上學後，被繁重的功課作業以及枯燥乏味的課本，擠壓得無影無蹤，於是學生花了很多

小天下
神奇酷地理
1
生機勃勃的

時間研讀科學，但卻在離開學校後完全還給老師，而且一輩子不再接觸。

如何保持孩子天生的好奇心，鼓勵他們滿懷熱情地探索這個世界，應該是自然科學教育最核心的目標。除了期待好老師引導之外，找到適合的補充讀物，將事半功倍。《神奇酷地理之熱帶雨林》一書，延續這個系列的一貫傳統，作者阿妮塔．加奈利採取青少年習慣的搞笑、誇張，甚至嘲諷式的文筆，以幽默的對話，好笑的插圖，讓生硬的知識變成超炫、超酷的談話題材。

當青少年覺得酷炫，就會從排斥到接受這些沉重的自然知識，甚至愛不釋手，令他們「哇！」的事情，是重燃好奇心的契機。

世界環保運動的先趨，《寂靜的春天》作者瑞秋．卡森曾說：「假如我能向好心仙女祈求一個願望的話，我希望她能讓全世界的孩子都能感受到神奇事物的能力，而且這種探索的好奇心能夠終生保有。」她一輩子都熱愛大自然，永遠對萬物生命充滿了欣喜與讚嘆。愛因斯坦也這麼認為：「人類所能經驗到最美最深的感情，是神祕的感覺，它是所有科學的起源，無法認識這種感覺的人，不再肅然而立、讚嘆宇宙奇妙之工，這種人活著與死了沒有什麼兩樣。」

讓孩子找回對大自然神祕驚奇的感覺，是自然教育與科學教育的源頭。

## 神奇、壯觀、豐富卻又脆弱的大自然

# 《自然界大變化》

——布萊恩·里斯 Brian Leith、凱倫·貝斯 Karen Bass

**地球上所有生命的熱鬧演出，都源自宇宙間一個細微而獨特的偶然。慶幸，廿三度的地球傾斜。**

英國廣播公司（BBC）拍攝的自然生態記錄片，總是非常精彩又深入，除了因為有相當充裕的製作經費支持，他們擁有一批非常專業又具使命感，甚至可以說是狂熱的工作團隊。

觀眾在電影頻道上，花二十多或四十多分鐘，很快地看完令人瞠目結舌的記錄片，不管是非常神奇，或者令人驚嘆，還是複雜豐富得令人感動的壯觀影像，當關掉電視或轉換頻道後，其他節目的炫爛的聲光影像，立刻取代了剛剛的感受，甚至還會導致幾個副作用。

有人認為地球還是這麼豐富而充滿生命力，環保人士所呼籲的物種滅絕，大概是杞人憂天了！另外（也是荒野保護協會志工們，帶領民眾接近大自然會產生的困擾），那些常看生態記錄片、見多識廣的朋友產生很大的挫折感：怎麼在森林裡觀察大半天，什麼事都沒發生？怎麼都看不到影片中的「精彩」鏡頭呢？

這本《自然界大變化》正好可以彌補這些副作用，作者們——實際拍攝影片的工作團隊——很誠實且誠懇地記錄下他們在拍攝過程遭遇的困難，一段二十秒的畫面，他們也許得在酷熱沙漠或極冷海洋中，守候好幾個星期才出現，而且更重要的，他們讓我們瞭解到大自然的神奇、壯觀和豐富的物種，可是生物的數量與密度，不如一般人想像中的多，甚至脆弱得隨時處於滅絕危機。

這本書記錄了幾個大自然裡大規模的循環現象，有非洲沙漠中定期的河水大氾濫，北美洲浮游生物繁殖形式的大饗宴，以及草原上數千隻羚羊的集體大遷徙。

這些現象都是地球物種在漫長時光演化過程中，配合著地形與氣候，以食物鏈關係所形成的複雜關係。幸好有這本書，讓文字帶領我們思考，這些自然界大變化所依賴的平衡，也許即將被人類破壞，物種也將隨之絕滅。

其實根據二〇一四年二月，國際上最權威的雜誌《自然》期刊刊登的研究報告指出，人類可能已經引發地球第六次物種大滅絕。在過去五億多年裡，地球發生過五次物

自然界大變化
NATURE'S
GREAT EVENTS

種大滅絕，但是這五次主要都來自天然或意外（隕石）事件，如今這次大滅絕的原因卻來自人類直接（汙染、過度獵捕，或活動範圍擴增，侵蝕了物種的棲息地）或間接（化石燃料產生溫室效應，造成全球氣候變遷）的影響。

一般而言，物種演化需要漫長的時間，整個地球原本就一直在變動中，但是這些變動基本上以數十萬年，或數百萬年的速度遞變，維持著動態平衡，但人類的出現，尤其在發明農耕技術之後，乃至於近百年急遽發展的工業文明，大規模地改變了地球的面貌與平衡。而且因為變化速度太快了，物種來不及演化出因應的存活之道，難免遭到滅絕。

一旦大部分物種滅絕了，人類很難在彼此生命休戚與共的地球上獨活。

這本書以精彩的圖片及生動的文字記錄，讓我們讚嘆生命的奧妙之餘，也提醒我們必須正視人類的責任，並且為延續地球物種，勇於付出行動。

## 為人類的生存而努力

# 《大崩壞：人類社會的明天》

——賈德．戴蒙 Jared Mason Diamond

**不管世界上哪一個社會有何發展，我們很快就可以得知，既而見賢思齊或是引以為鑑。即使是綿薄之力，也有機會扭轉乾坤，讓人類的明天更好。**

《大崩壞》作者賈德．戴蒙是美國國家科學院的院士，他除了是頂尖的科學家之外，也致力於大眾科學教育的推廣，是全世界唯一榮獲多次科普書獎項及各種文學獎項的作家，他的文筆生動，書中資料詳盡完整又嚴謹，讀他的書可以說是心靈饗宴，更是精神上的震撼。

什麼是「大崩壞」？

根據作者自己下的定義：「指的是某一地區歷經一段時間，人口遽減，或者政治、經濟或社會突然由榮轉枯。這種崩壞現象在幾種衰亡形式中算是最極端的，在一個社會

LAZY
gluttony
大崩壞
人類社會的明天？
賈德・戴蒙◎著 廖月娟◎譯
COLLAPSE

崩壞之前，衰退程度的評估見仁見智。就一個社會而言，較為和緩的變化包括財富的略有增減、政治或經濟或社會的小規模重組、遭到近鄰征服、一個社會因鄰近社會的崛起而衰退（但社會本身的人口總數、整個地區的複雜度並沒有變化），或者改朝換代，由新的統治者當政。」

大崩壞這個名詞我們不常用，通常我們會以「大崩潰」來形容原本似乎很好的狀態，在非常短的時間卻完全瓦解，一敗塗地，或一發不可收拾。

多年來，崇尚物質的享樂主義者往往把環保團體的呼籲當作「生態恐怖主義」的「末日預言」取笑，認為只不過是一次又一次「狼來了」的恐嚇！一般社會大眾也習慣於線性思考，認為「前天如此，昨天如此，今天也是如此，因此明天想必也會如此」，卻不瞭解真實世界是以「混沌理論」的「複雜」系統運行，而且生態體系大都有一定程度的含量、承載量，因此會延緩災難發生的時機。所謂「壓垮駱駝的最後一根稻草」，重點不在那一根稻草，而是之前已累積的重量。

生態環境的災難，往往有「犯錯的人已離開，苦果卻由後人承受」的特性，我常常強調：環境問題是共業問題，我們不可能潔身自愛，自掃門前雪，因為我們都生長在同一個地球，我們無法自外於天地之間。因此，別人破壞環境，對自然資源過度耗損，對我們也有間接損害。

賈德．戴蒙以大量歷史文獻、考古證據，以及現今世界各國的環境現況為根據，像是說故事般，以持平的態度來解讀故事背後的意義，並且思考我們每個人能做什麼，如何為人類的生存而努力。

《大崩壞》的譯者廖月娟在導讀中，引用了卡珊德拉的故事，卡珊德拉是特洛伊戰爭時代的女巫，命運讓卡珊德拉有了預知未來的能力，但是天神卻又詛咒將沒有人相信她的預言。《天下雜誌》發行人殷允芃曾說過一段話：「當一個有良心的記者是非常痛苦的，面對太多的不公不義，記者必須承受比別人更多的心理壓力與折磨。」幸好有賈德．戴蒙以頂尖科學家的研究精神及卓越的文筆，帶領我們穿梭古今，重現古往今來的人類社會，讓我們瞭解為何曾經盛極一時的燦爛文明卻轟然崩塌。

正如老子所云：「福兮禍所倚。」也如醫學上的「迴光返照」現象，在物質文明及奢侈消費達到極致之時，往往是崩潰的前夕。當我閱讀這一本書，浮現腦中的是現今時代，賈德．戴蒙彷彿如卡珊德拉般能預知末日的情景。

和賈德．戴蒙一樣，我對於未來懷抱著審慎、樂觀的態度，雖然人類社會問題的確已經非常嚴重，但如果我們決心行動，危機是可以化解的。

我們必須做正確選擇，勇於從長遠的角度著眼，而不是做短期、救火式決策；也必須建立新的價值觀，嘗試新的生活模式。「水能載舟，亦能覆舟」，現今世界危機大部分導因於經濟全球化，但是相反的，我們的希望也來自於全球化產生的相互連結。我們可以從遠方的人們及古人的錯誤學到教訓，避免重蹈覆轍。我們也知道即便是個人的綿薄之力，仍有機會扭轉乾坤，做出貢獻。

## 尋找屬於自己的曼陀羅

# 《森林祕境》

——大衛．喬治．哈思克 David George Haskell

**我們唯有仔細的探究人類所賴以生存並繁衍的大自然結構，才能看出自己所在的位置，並因而明瞭自己該負的責任。**

在這個令人迷惑的年代裡，環遊世界、追尋偉大夢想容易，能夠注意到身旁發生的微小奇蹟卻很難。大部分的人已經遺忘每一天晨曦、每一朵地上的小花，以及許多習以為常的瑣碎事物，而正是這些事物構成了神奇美麗的世界。

因此，哈思克以一年時間，類似修行般示範的行動，在這個追求更多的時代裡，給讀者醍醐灌頂式的棒喝。

這種對於一個小區域的長期定點觀察，正是「荒野保護協會」這二十年來推動的「找自己的祕密花園」行動，令人佩服的是，作者居然只在一公尺直徑區域裡做記錄，若非具有自然學家背景以及深厚的哲學思考，難以做到。

書裡有非常豐富又深入的自然知識，但作者的文筆卻像詩人，把文學與科學完美地

the forest unseen.
森林祕境
生物學家的自然觀察年誌
A Year's Watch in Nature
David George Haskell

融合在一起，有梭羅（Henry David Thoreau）與約翰．謬爾（John Muir）的風格，這是必須慢慢閱讀，而且值得多次閱讀的一本書。在不到四分之一坪的區域裡觀察一年，作者清楚地讓我們瞭解，世界的萬事萬物息息相關，是「一沙一世界」這句格言的證明。

這二十年來，我們要求每個參加「荒野保護協會」的志工，在住家附近找一個屬於他們自己的祕密花園，並且定期去觀察與記錄。即使是一個乍看之下平淡無奇的自然環境，只要經過長期觀察，就會發現豐富有趣的變化。這種屬於自己的「祕密花園」，去的次數多就會產生感情，與土地親密的情感連結，在生命進程中扮演重要的角色。

有了這本書當示範，我們有信心在臺灣（即便住在都市裡）進行這樣的「定點觀察」，不管是附近的小公園，或河堤附近的矮樹叢。在一年四季中不斷去記錄和觀察，不同時間、不同心情，我們的記憶會一個一個堆疊上去，這個地方就融入我們私密的情緒，笑聲與淚水將使這個地方變成內心的祕密花園。當我們累了、倦了、有需要的時候，隨時可以召喚它。

除了屬於個人的生命啟發之外，以環境保護而言，定點觀察也有策略上的意義，當每一個人就近長期觀察的定點被串連起來，分布全國的志工就可以形成全面的環境監測與守護網，任何地區被破壞都可以立刻得知並且想辦法保護。

不管我們著眼於內心深入觀照，或者為了環境採取行動，都可以從《森林祕境》這本神奇的書得到啟發。

## 購買即將到期的食物

### 《浪費：全球糧食危機解密》

——特拉姆．史都華 Tristram Stuart

**如果人類持續為了私利，犯下擾亂食物鏈等諸般劣行，環境災難終將到來。**

小時候常常拎著空瓶子，幫媽媽到柑仔店去「打油」，味全花瓜的罐頭，或者用完的黑人牙膏管子都有人來收購。更古早一點的農村生活，根本沒有所謂的垃圾，用過的剩餘物品都可以變成其他東西的材料，連人或雞、鴨的糞便都可以利用。這樣的社會才是永續的社會，也是我們過度消費後一定得重新思考的永續之路。

這些年來，一方面因為科技進步，一方面因為全球化競爭，東西似乎愈來愈便宜，因為便宜，我們就輕易地買，愈買愈多；因為便宜，我們不會好好珍惜，隨隨便便就扔掉。即使我們把不要的東西分類回收，處理過程中也耗掉了許多寶貴能源。所以要提醒自己：買東西不要只看價格是否便宜，而是要想是不是真的用得著，用完後它會到哪裡

浪費
全球糧食危機解密
Waste: Uncovering the Global Food Scandal
當人們扔掉的食物比吃掉的還多，
我們正對地球進行無聲的施暴……

去？要看東西來自於大自然的價值，而不是販賣的價格。倘若我們過著不斷消費、不斷購買又不斷丟棄的生活，很快就用完大自然的資源。

近年環境危機與氣候變遷，的確讓很多民眾思考：我們到底可以為自己也為後代子孫做什麼事？《浪費》這本書提供我們非常詳實的資料，讓我們瞭解在看似方便的飲食消費背後，付出多少環境的代價。

知識可以產生行動的力量。以往，我們將廠商為了利潤所形成的販售體系視為理所當然，看了這本書之後，我們除了在日常生活中建立新的習慣之外，也可以要求廠商、要求政府改變。

我以前上超市購買食物時，都會挑選有效期限距離最遠的，現在我反而改買即將屆臨保存期限的食品，因為從書中得知，超市大量丟棄這些已到期、即將到期，甚至還有一段時間才到期的食品。這些食品標示的保存期限其實是最佳賞味期，除了少數生鮮肉類外，過了最佳賞味期並非不能吃，而且也與健康無關。生產廠商不斷縮短賞味期限，一方面來自廠商的謹慎考慮（怕消費者吃出問題，官司賠償不完），但是另一方面也因為保存期限愈短，消費者會丟掉得愈多，當然也就買得更多。這意味著營業額更高，利潤更大。

超市通路為什麼會大量丟棄即將過期卻尚未過期的食品呢？因為消費者不太會買這些即將過期的食品，與其擺在架子上占地方不如自己丟了，而銷售空間擺得光鮮亮麗也可以促進買氣，提升營業額。

於是世界上有一半食物還沒被端上餐桌前就被扔掉，家庭垃圾裡有將近一成是食物。書中也指出，單單歐洲和美國、加拿大地區所丟掉的食物就可以餵飽三倍的全世界饑餓人口。

食物除了從超市或者我們冰箱中扔掉之外，在產地就被「淘汰」的更是不計其數。這裡說的「淘汰」不是指食物的品質不好，而是食物的外觀與大小不符合全球化運輸體系的包裝需求。比如，食物銷售廠商不收購彎的小黃瓜，也扔掉太大或太小的馬鈴薯，因為不好包裝、運送。更離譜的是食品公司居然用電腦化的色彩檢驗系統去比對，規範番茄的顏色、香蕉每一串必須幾根，重量不准有誤差……田裡種出來的農作物不符合這些標準，就是當場銷毀。商人似乎忘了這些食物是從土裡長出來的生命，而不是工廠用模子大量製造出的化合物。

不能全怪這些商人，因為在全球化的銷售體系中，降低成本攸關企業競爭力與存活，只有規模化的「產品」才方便包裝與運輸，減少人工處理的成本。比如，一貨櫃的柳橙從產地經過兩千公里運到歐洲，最後卻直接被丟掉，因為有些在運送途中過熟，鋪貨到超市，消費者也不會買，但若是要整理挑選出過熟的柳橙，卻不合人力成本，直接銷毀還是比較划算！

這些結構性問題有待我們努力改善，但是也要思考，奢侈地讓這麼多東西被扔掉，除了剝削窮國在地生產的農夫之外，也使我們大量使用來自幾千萬年累積的能量——化石燃料，透過這些「不勞而獲」的珍貴資源，我們才得以生產出肥料、除草劑、殺蟲劑，以及使用動力抽取大量地下水、機械大量耕種與採收，並長途運送到我們手中。

當沒有石油或石油變得非常昂貴，這些「便宜」的產品不可能存在，那麼已被破壞的古老生產系統，還能供應這麼多人口嗎？這個問題在可預見的未來，即將挑戰每個國家與每個人民的生活。

## 回到那失落的世界

# 《大地之聲》

——吉米・哈利 James Herriot

**最美好的事物眼睛看不見，你得用心體會，**
**最悅耳的聲音耳朵聽不見，你得靜心聆聽……**

二、三十年前初遇吉米・哈利所寫的故事時，就深深被他幽默風趣的描述所吸引，在幾年之內，我和全世界無以計數的書迷一樣，從《大地之歌》、《大地之愛》，一直到《大地之聲》，跟隨著他與他醫治的動物悠遊在蘇格蘭的鄉間。

不過緊接著大學畢業，我入伍服役，退伍到醫院工作，然後成家立業，在繁忙工作與緊湊的都市生活節奏之下，吉米・哈利的世界似乎離我愈來愈遙遠。

可是很奇怪，最近這幾年，吉米・哈利筆下北約克夏鄉的人聲笑語，卻不時浮現腦海。我翻箱倒櫃，找出紙已泛黃的初版書籍重新瀏覽，想起宗教學大師摩爾（Thomas More）說過：「人生最有價值的事物，在於感受人與人之間的愛及藝術，還有自然之美的藝術形態。」

大地之聲

原來吉米·哈利這一系列書籍令我念念不忘的，不只是醫治動物時發生的故事，而是懷念現今已失落的過往世界，每個人與街坊鄰居都熟識，可隨時停在路邊閒話家常。

吉米·哈利居住了一輩子的小村莊，村民總數也許比我們一天中遇到的人還少，在城市中每天看見許多人，在捷運上、電梯裡，人與人之間幾乎前胸貼後背，距離這麼近，但彼此內心卻疏離且寂寞。

我懷念那個物資困乏、但人情卻濃的時代，雖然生活比較不方便，但是心情卻比較快樂。這幾年我從城市搬到臺北近郊山裡，正是潛意識裡想尋回吉米·哈利所生活的環境，找回鄰居之間保持著串門子，這種古老而悠閒的習慣。

生活在人工化的都市裡，不管白天或晚上，無時無刻都可以工作或活動，雖然方便，但卻喪失春耕、夏耘、秋收、冬藏，一年四季的節奏。違反自然的都市，永不止息、永不間斷地運轉，人無法喘息，時間的停滯也讓我們喪失對生命的感受。

從吉米·哈利書裡，我們看到大自然生命流動的韻律，看到花開花落，寒來暑往，看到繽紛萬物生老病死，但我們在循環中感受到生命的力量。

從努力工作的畜牧動物，或陪伴人們的寵物身上，我們也能感受到食物與生活點滴都得來不易。我們在眾多生命互交影響的網中，更該滿懷感激地看待周遭的一切。忙碌的現代人可以一邊閱讀吉米·哈利的書，一邊反視與嘗試改變自己的生活。

## 從身邊開始的觀察自然

# 《自然圖鑑：600種動物植物觀察術》

——里內藍

**瞭解自然，並非單純地只是增加知識而已，更最重要的是，同樣身為地球生物的一分子，當我們在觀察其他生物時，能否站在對方的立場上思考。而這種對待生物的方式，也能運用在人類彼此之間的交往上吧。**

我從小是童子軍，當年有一本小小的、可以放在褲子口袋的冊子「童軍表解」，這本小冊子上至天文下至地理，從童軍制度儀典到自然觀察、野外求生，樣樣包括，童軍們整天攜帶著它，碰到什麼問題只要一翻閱，幾乎都可以找到需要的答案，內容雖然淺顯，但是好像也夠用了。

隨著時代變遷，科技進步，各種專業技術的發展一日千里，這些年來有關自然觀察的圖鑑分類愈來愈精細，厚厚一大本的猛禽觀察，有貓頭鷹、青蛙、蜥蜴、天牛、鍬形

第一次到野外探索就OK
自然圖鑑
600種 動物植物觀察術
里内 藍／文 松岡達英／圖
找找看
公青蛙愛叫？母青蛙也愛叫嗎？
雨天時，蝴蝶在哪躲雨？
候鳥大多在白天或是夜晚飛走？
網子破損了，蜘蛛會修補嗎？
大杜鵑鳥的雛鳥是賴給別人養的？
蜜蜂和白粉蝶都是大色盲？
牙醫師、作家、環保志工／李偉文
臺北市立動物園園長／葉傑生
當然推薦
免費送
精美好禮
詳見內頁

蟲……一本一本鉅細靡遺、印刷精美、又厚又重的觀察圖鑑不斷出版，這時候我反而懷念起「一本走天下」的古老時代。

因此，看到這本由日文翻譯的《自然圖鑑》，又有了當年閱讀「童軍表解」的安心感，這讓我們「放心」地去面對野外的一切，因為這本圖鑑寫的是這麼簡單，我們很容易就可以掌握全貌。從簡單的內容開始引領是非常重要的，我甚至覺得將最基本的知識與概念牢牢記住時，才能在腦海中搭起條理井然的架構，有了這樣的基礎之後，其他較複雜的資料或訊息才能有層次地擺進去。

這些年來，「荒野保護協會」訓練了許多自然解說員，我發現真正的超級解說員不會向民眾灌輸太多知識，而是簡單清晰地講出一、兩個重點，因為我們「辨識」任何東西時，大腦就是如此運作的。事實上，當我們「看見」一樣東西，就必須將其他東西變為「看不見」，換句話說，當我們什麼東西都看到時，就等於什麼東西也看不見。因此，這本圖鑑是陪伴我們行走自然時，最實用的一本隨身圖鑑。

學生時代，我參加許多社團活動，興趣太多，活動之餘回家看的書也都是課外書，但是還可以應付學校考試，原因是：每一個科目，我會找一本最簡單、最薄的參考書，反覆看、反覆練習，當牢牢記住這些最基本也最重要的概念時，就可以很有信心地去面對各種考題。

這些年偶爾也有機會寫童書或編童書，發現花的心力比為大人寫書困難多了，因為只有真正把這個領域的知識完全消化與理解，才有能力用最簡單的方式寫出重點，瞭解這一點之後，當我必須接觸新的知識領域時，通常會先找相關的童書來看。

這本圖鑑當然不是童書，而是老少皆宜的繪本，唯一的缺點就是日本人寫的，期盼不久的將來會出現臺灣本土的《自然圖鑑》。這本圖鑑以位處溫帶地區的日本為主，所以其中有少部分臺灣沒有的生物，不過除了辨認動、植物之外，全書用淺顯但精要的文字說明，介紹如何做自然觀察，以及該準備哪些工具。

臺灣的居住環境比日本還容易接近大自然，因為臺灣多山又多雨，所以即便在都市裡，在生活範圍二、三十分鐘路程內都可以找到一片山林步道或溪流。

「荒野保護協會」這十多年來提倡自然觀察，建議在住家陽臺、公園、上班路上、常去的荒郊野外等，選擇一塊目標區，不限大小，以隨興、輕鬆的態度，對目標區四季的自然變化、人為干擾等，做定期觀察地記錄。它的對象不僅是觀察目標，也包含觀察者本身：除了事實描述外，也記錄了觀察者與其相對應的心情。

因此，它不會是一份科學記錄，也不全然是個人日記，它有著很多可能的面貌，題材內容常因人而異。

你可以堅守純然客觀的態度，保持絕對理性；我們也贊成你將自己化身為觀察目標，融入自然。你應當思考：當踏入草叢抓一隻小蟲、摘一朵小花，看似無關緊要，但有必要嗎？記住！你面對的是有「生命」的個體，當你介入的愈多，所發出的干擾也愈多。

大自然提供了多元而豐富的寶藏，我們在其間自在地探索悠遊，對不同生命產生好奇與驚異，進而在真實的接觸與體驗中有了領悟，這對於身心靈整體的發展是非常重要而不可或缺的過程。

當我們拿著這本圖鑑做自然觀察時，除了探索自然知識之外，自然體驗更重要的。當然，認識大自然並沒有錯，人類物質生活的需求都來自於大自然，我們也從大自然中獲得源源不絕的想像力與創造力，但若只看到這些具體的「功效」就太可惜了，因為荒野大自然是萬物生命的源頭，是人類古老的鄉愁，自然荒野可以更新我們生命的能量，給予與萬物合一的連結，這種超覺經驗的體會，可以安定我們的心靈，甚至領悟生命的終極意義。

## 最放心的食物來源
# 《只吃好東西》
——張瑀庭

**因為當你開始在意自己吃進什麼東西的時候，**
**也就代表你開始在意起自己的人生了！**

這些年「吃」在臺灣是最夯的主流文化，不管在觀光休閒娛樂方面，或促進在地產業，乃至於為了健康樂活環保，飲食總是占據最重要的地位，我們有無以計數愛吃的部落客、為了工作而不斷吃喝的美食記者，時時刻刻提供我們美食訊息。

作者張瑀庭與這些美食狩獵者不同，她與大家分享吃得安心、健康又美味的食物，這是她數十年來的心願與夢想。

瑀庭除了有醫學護理背景之外，她還有學理與實務的專長。我認識瑀庭非常多年了，當年知道她在醫療臨床與研究單位工作多年後，又重回大學讀飲食烹飪方面的課程，除了驚訝之外也深感佩服。她曾經煮了一整桌的美食當作給我的生日禮物，這也是

有機皇宮菜
只吃
好東西
前蘋果日報美食組長教你挑好食
EAT
GOOD
FOOD
強力推薦

年屆半百的我，最難忘的生日聚會了！

雖然華人喜歡吃，飲食對大部分的華人是非常有吸引力的，《漢書》就這麼寫：「王者以民為天，而民以食為天。」甚至道貌岸然的孔老夫子也說：「禮之初，始於飲食。」

但是也因為在臺灣「吃」實在太方便了，夜市攤販、餐廳小吃店，乃至於二十四小時便利超商，滿坑滿谷的食品，而我們卻沒有辦法看見真正的食物，瞭解食物與環境的關係。

華人習慣在生命中高低起伏的時刻，不管婚喪喜慶、迎新送舊，用吃來表達心意，食物的確擁有讓人感受美好人生的力量，因此，如何聰明地吃到好東西，也是增進生活品質很重要的基礎。

瑀庭在書中反覆強調，好東西不見得是昂貴的，或者是珍稀食材，只要我們滿懷著感恩之情，用心對待為我們貢獻出生命的食物，就會是好食物。

日本人在吃東西之前，都會合掌說出一句感謝的話，那是對讓我們可以活下來而奉獻出生命的動植物的誠摯感謝，「我領受您的生命了！」這種感恩的心情，其實是人生幸福感的最大來源。

假如你為人父母或即將為人父母，更要注意孩子的飲食習慣，這是父母責無旁貸且無法逃避的責任，因為媽媽最初餵養的食物，會形成孩子一輩子最信任、最放心的食物來源。

我以醫師的身分從事環境保護工作，深深體會到，只要對健康有益的，對環境也一定好；同樣的，對環境友善的，對健康也一定有幫助。當我們看到東西真正的價值，而不是被價格所左右時，長時間且整體來講，反而更省錢、更省資源。當我們堅持只吃好東西時，我們不再浪費錢買垃圾食品或一大堆昂貴的保健食品，當我們不再增添身體或精神的額外負擔時，身心健康了，當然也省下龐大的醫療資源。

瑪庭的《只吃好東西》的確是當代臺灣人需要的飲食指引。

## 推理小說般的科學探索之旅

# 《沒有果實的秋天》

——傑克柏森 Rowan Jacobsen

**在牧草地上看到最後一朵尚未凋謝的玫瑰，就好像在半夜裡覓得一家尚未打烊的餐廳，彷彿黑暗中向饑餓靈魂招手的光芒。**

「這是誰殺的？」

「兇手如何犯案？」

「屍體到哪裡去了？」

就像是美國熱門影集CSI或是推理小說的偵探辦案一般，《沒有果實的秋天》帶著讀者一步一步追查被害者的身世，從蜘絲馬跡中探索到底是誰殺了蜜蜂？

在作者抽絲剝繭、四處奔波中，我們可以一窺科學研究的歷程與限制，也可以瞭解人與環境的關係，進而思考蜜蜂失蹤是不是給人類的警鐘，在面對人類文明是否還能持

沒有果實的秋天
有了蜜蜂
我們才有香醇咖啡、可口水果
但突然全世界的蜂群
竟有三分之一神祕消失⋯
我們的生態、糧食系統
正面臨崩潰邊緣！
食物，即將永遠消失？
20世紀讀《寂靜的春天》，21世紀你該看《沒有果實的秋天》
讓地球回到最自然的狀態，將是阻止災難發生的最重要關鍵
天下文化

續的關鍵時刻，我們能夠做些什麼？

凶案在二〇〇六年十一月十二日下午發生，職業養蜂農哈肯伯格打開蜂房蓋子，發現四百個蜂群（每個蜂群有幾萬隻蜜蜂）百分之九十都不見了，更奇怪的事是連屍體都找不到！這個戲劇性的神奇事件發生一個月後，調查報告指出，全美國許多職業養蜂人平均損失了百分之三十到百分之九十的蜜蜂，緊接著，世界各國也都陸續傳來災情報告。

蜜蜂是世界上九十種農作物授粉最重要的媒介，如果授粉的蜜蜂不夠多，可能導致蔬果、牛飼料、堅果種子，甚至棉花短缺。

隔年，二〇〇七年，世界各國的能源價格開始飆漲，然後原物類短缺，再加上農作物減產，農產品漲價，引起二十多個國家的人民暴動。因此，二〇〇七年春天開始，蜜蜂不見的消息就已登上各地媒體的新聞頭條。對於這個現象大家有非常多不同的理論，也列出了一些嫌疑犯，可能是新的或突變的病毒，也可能是真菌感染產生毒素以及寄生蟲惹禍，或者是農田大量施肥與使用殺蟲劑，造成環境汙染，讓蜜蜂慢慢中毒、免疫力衰弱，也有人提到或許是蜜蜂在長途運送時被關在蜂箱裡的遷徙壓力……

每個嫌疑犯都有動機，但好像都有不在場證明，比如說，法國曾在一九九九年起禁止使用拜耳公司生產的「高巧殺蟲劑」，這個禁令似乎遏止了前些年高達三分之一的蜜蜂死亡率，但是二〇〇七年到二〇〇八年全法國蜜蜂的死亡率又飆到百分之六十，這麼看來，被禁用的「高巧」似乎也不是造成蜜蜂死亡的凶手。

其實從一八六九年第一次有蜜蜂消失的文字記錄以來，似乎每隔幾年就會有蜜蜂（尤其是被商業化集中飼養的西方蜂）大量消失的神祕情況發生，但是過去發生時都是在個別區域，不像這次幾乎全世界同時發生這種現象。

科學家們目前正用最進步的科技與儀器，加上二〇〇六年已經解開西方蜂基因圖譜的基礎，希望能找到真正的凶手，但目前為止還沒有較確定的答案。這本書許多調查與實驗過程，讓我們瞭解人類如何利用蜜蜂的天性而將牠們變成了工業生產線的工人，好像牠們是我們製造出來的電動蜜蜂似的，漸漸忘記蜜蜂是活的有機體。

為了人類的物質享受，我們透過進步的科技與極致的管理技術，改造了許多生物的天性，比如說，牛本來應該是吃草長大的，我們卻讓「牛吃牛長大」，牛吃的動物性飼料就是用死掉的牛羊製造的。人類在改變動物天性的過程，短時間似乎獲得了一些好處，但是長時間來看呢？狂牛病之所以產生，會在牛群蔓延以至於傳播到人類身上，不就是老天對人類的懲罰與警告嗎？

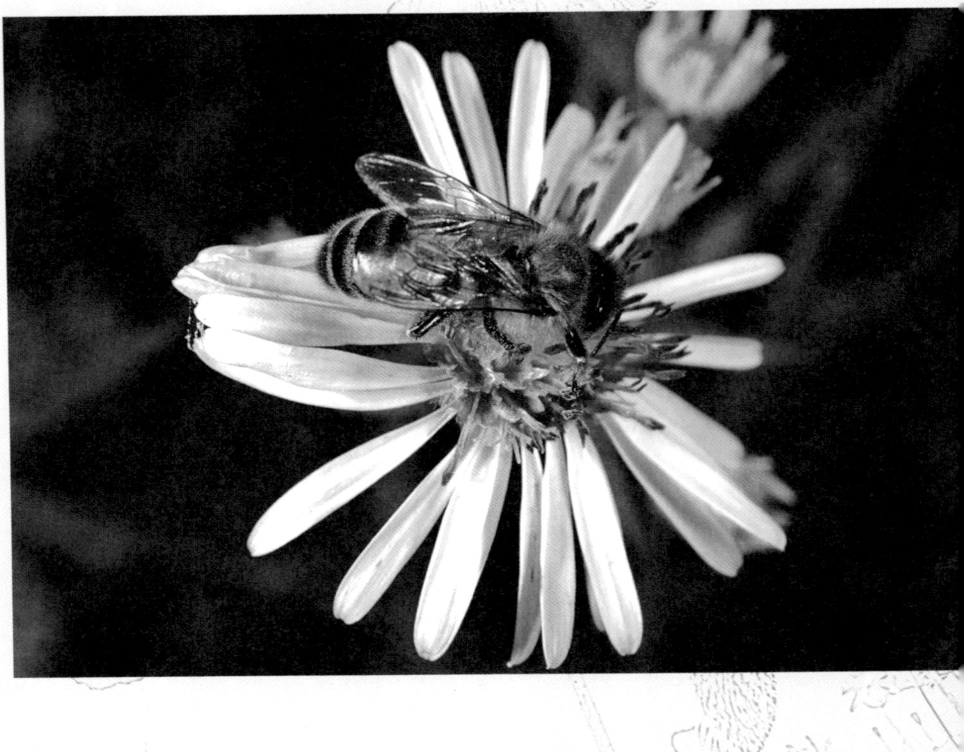

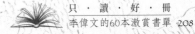

書中鉅細靡遺的描述讓我們恍然大悟！透過食物鏈形成錯綜複雜的世界，蜜蜂的角色居然這麼重要，人類餐飲食材中有三分之一以上來自由昆蟲授粉的植物，這一千多種作物中，百分之八十以上需要蜜蜂幫忙傳播花粉，若是大部分開花植物無法繁衍，會怎麼樣呢？記得一首英國童謠這麼唱著：「釘子沒了，鐵蹄就丟了；鐵蹄沒了，馬兒就丟了；馬兒沒了，騎士就丟了。」若騎士沒了乃至一場戰役、整個戰爭，甚至整個國家都會受到影響。所以，蜜蜂死了，很多花因為沒有傳粉也死了，靠這些花的果實為生的動物也死了，吃這些動物的動物也死了……

蜜蜂不見了對世界有那麼大的影響，假如人類在很短的時間內完全消失，對世界會有多少影響？曾經有人針對這個問題做過研究，若人類像蜜蜂一樣神祕地消失，只留下無數的人工建築與設施，世界會變成什麼樣子？

人類消失那一天，大自然會立刻接手，開始拆除房舍，讓這些人工物從地球表面消失。我們很難想像，現代城市這般堅固的龐然大物有朝一日會被大自然吞噬，而且，大自然消滅人類千年文明所需的時間，遠比我們想的要短得多。

沒有了人類，地球依舊繼續存在，依然水草豐美，生命繁盛，而且比人類存在時的世界更多采多姿。看來對於地球來說，人類是突然變異的惡性腫瘤細胞，不斷增生，破壞周遭的一切，極致擴張之後，將傷害甚至毀滅自己。

人類無所不吃，無所不用，以強大的智慧與工具，建構了超乎一切生物食物鏈彼此依存的關係，但是人類文明的進展與精密的社會結構，只要缺少石油、石化燃料、電力，現代的城市就難以維持，人類生活將回到工業革命以前的時代。若連木材、煤炭都成為非常稀罕的東西，人類的生存、文明的存續就有問題了。

這本書讓我們重新謙虛地看待世界，瞭解各種食物鏈串起地球的生命之網。我們不知道到底哪個物種是關鍵的基礎物種，也許是蜜蜂，也許是還被我們忽略的什麼小昆蟲，我們必須真正體會到生物與生物之間環環相扣。

我們可以從蜜蜂的例子知道，這些小小的昆蟲對自然資源以及其他生物造成多大的影響。一個生態系統的穩定度與其複雜性有直接關係。一個群落中，若共存的生物種類愈多，表示生物種類間的關連愈多，對大自然的改變，以及突發災變的抗拒力或適應性也就愈大。因此，保持生物多樣性對地球生態以及人類生存都是非常重要的。

人類只是生命之網的一股絲線，若是因為短視近利或物質文明發展而滅絕了物種，讓這張生命之網有了破洞，我們也將身受其害，因為各種生命之間是環環相扣，休戚與共的。

從吃開始的幸福生活操作手冊

# 《食育小學堂：飲食教育．從小開始》

——陳惠雯

**對大部分的人來說，一出生時，都具備基本的健康狀態。而後每天都要吃些東西，才能補充身體運作所需的能量，如果每天都把錯的食物吃進身體，身體還能維持健全功能並長命百歲嗎？**

人類的生活在二次世界大戰後有巨大改變，首先是將生產砲彈、炸藥的軍需工業改成肥料、農藥、殺蟲劑工廠，開始單一作物大量栽種的「綠色生產革命」。之後再加上科技高度進展與全球化推動，人類的生產、消費逐漸脫離自己生活的土地與環境。我們曾以為用低廉價格買到各式各樣的東西，能帶來幸福與快樂，但是結果並不如當初所想。我們愈來愈不快樂，壓力愈來愈大，人與人也愈來愈疏離。

工廠製造的東西不是無中生有，我們消費後剩餘的垃圾也不會憑空不見，人類科技與生產模式阻斷了整個地球的自然循環，累積的問題已快達臨界點，物質文明能不能持續下去，危機迫在眉梢。

我們勢必要再發動一場革命，不只為了我們後代子孫，也為了我們的健康、快樂與幸福。革命的對象不是邪惡帝國，不是黑心大企業，而是我們自己，也就是改變生活習慣與價值觀。這個革命不血腥、不沉重，反而如本書作者陳惠雯所說：「輕盈、溫暖，而且有歡笑。」

這場革命的起點就是我們的餐桌，透過選擇飲食，看到食物與環境的關係，進而找到人與環境、人與人之間的關係，然後才能建構人類文明的永續之路。

指責別人，打倒有形敵人比較容易，要改變自己是非常困難的，當我們已身處全球化世界，當大部分人理想中的生活方式像美國人一樣，開著車子到二十四小時開放的購物中心採買來自全世界的物品……惠雯似乎把這場幸福革命說得雲淡風輕，但今天大家會認同這個觀念，瞭解目標是可行的，這一切可不是簡簡單單就能如此。

因此，非常感謝許多像惠雯這樣的先行者，雖然他們不至於要拋頭顱、灑熱血，但是長期忍受來自周遭親朋好友的懷疑、輕蔑與取笑，十分不容易。我相信在寂寞獨行，挫折沮喪之際，能夠支撐他們繼續往前走的力量來自對土地的愛，以及對萬物眾生的疼惜之心。

第1本
為孩子設計的飲食教育書
食育小學堂

常有很多民眾問我：「為了環境，為了後代子孫，我可以做什麼？」

答案很簡單，而且每個人都真的可以做到——從我們每天的飲食做起，當我們舉起筷子的時候就可以當保護環境的超人。除了消費的選擇之外，若是要更進一步行動的話，惠雯的《食育小學堂》是進階版，是我們可以找到真正幸福，最具體的操作手冊。

營造不再有垃圾的世界

# 《環保人回收物》

——陳世慧

**人類應對自己與地球仁慈些，**
**零汙染的生活值得追求，個人也能對世界帶來巨大的改變。**

在我的父母親年輕時，當時的世界沒有所謂的垃圾。吃的、穿的、用的，一切物品用完之後都回歸大地，融入生態體系的循環。直到工業革命之後，人類才製造出大量無法進入生態循環的物品。在一個健康、繁榮而且可以持續的系統中，所有物種勢必在能量和物質的循環上，與周遭環境互相協調，形成相互依存的動態平衡關係。

可是人類的文明與制度，不斷逼迫我們生產、消費、丟棄、購買、再丟棄，這種生活形態是無法永續的。地球因廢棄物、汙染，使資源耗盡而喪失生機，這是許多人心中的隱憂。幾乎所有人都知道保護大自然的重要，卻忽略了每天不斷購買東西、丟垃圾，就在傷害我們賴以生存的環境。

環保人
回收物
陳世慧
經典雜誌

我們日常生活中不知不覺的習慣，原來就是殘害環境的元凶！時時刻刻提醒自己，每一樣物品都來自地球某個地方，不可能無中生有，使用完畢之後，一定會跑到地球某個地方，不可能憑空消失。

如何將這些人類創造出來、原本不屬於地球自然滋長的產品妥善地再利用，不會變成無法再次進入物質循環的垃圾，需要各個領域的人共同努力。

《環保人回收物》這本書介紹了平凡如你我的老百姓，或是專業人士，發出宏願後動人的光彩，這些典範提醒我們，唯有人人是環保人，營造不再有垃圾的世界，才將是人類物質文明得以持續下去的關鍵。

不過，回收物品說起來簡單，真的要做到徹底而有效，其實是非常不容易的，除了要許多消費者配合之外，如何在處理的流程上更有效率，恐怕才是主要的課題。從這本書所介紹的故事，我們可以看到志工除了發願盡力之外，懷著感恩之心，用心用腦地去面對這些滋養我們的物質，那份情感才是最令人感佩的。

我總是覺得，當人口不斷增加，而全球化時代以促進消費當作維持經濟運作、改善人民生活的唯一目標時，即便環保團體要求減少與回收廢棄物，恐怕汙染還是會持續增加。因此，我們必須將「禁止」、「減少」這些負面思考，轉換成正面想法，建立全新的製造模式，向大自然學習。任何產品在設計之初，就應該設法使廢棄物轉化為其他有用的產品。如此一來，資源不斷循環利用，一個價值創造出另一個價值，生生不息。

讀完這本書，我們更要謹慎地看待購買或使用的東西，人類的消費行為對世界、對地球的影響是非常真實與巨大的。如果我們養成探究周遭物品從哪裡來、到哪裡去的習慣，自然而然就會降低對物質消費的需求，將心思放在生活中非物質的事情上，這不只讓身體更健康、精神更快樂，同時，對環境也更友善。

## 真正的幸福

# 《環保一年不會死！不用衛生紙的紐約客減碳生活日記》A寶

——柯林・貝文 Colin Beavan

**我想我只有一個心願，那就是我更懂得去愛，那就是我成為一個更懂得去愛而且不受物質或成就所動搖的人。人生苦短，轉眼即逝，我們要用它來做什麼呢？**

紐約市排放的汙染為美國之冠。身居紐約的作家柯林・貝文，覺得環保人士說的總比做的多，希望自己的文字能帶給世界正面的影響力。二〇〇六年決定嘗試減碳生活。柯林說服太太蜜雪兒和他一起做實驗，一年內不購買新產品、不搭交通工具、不吃百哩外生產的食物、甚至不用衛生紙、不用電。

柯林將他實驗過程中發生的大小事，鉅細靡遺地記錄在《環保一年不會死》這本書裡。

激烈的論戰就此開打：有人讚嘆no impack man柯林將愛地球化成行動，反對者卻說

環保一年不會死！
不用衛生紙的
紐約客減碳生活日記
No Impact
Colin Beavan
柯林・貝文
謝維玲
一對夫妻、一個包尿布的小孩與一隻狗，
如何在紐約過環保生活？
行動就對了！

柯林讓大家誤以為愛地球只需要騎腳踏車上班、拒搭電梯就行了；更有人不少人認為柯林一家的行為無異於公孫布被、根本就是自吹自擂的商業產物，不過也有支持者認為他們真誠地表露了自己的難過和快樂！

柯林這項實驗的最終目標就是成為「對大自然、對地球無影響的人」。人類科技是進步的嗎？人類正步入一個無法挽回的局面，我們無法不依賴我們所發明的先進科技，我們快失去單純生存的能力。柯林身處最繁榮的紐約，標榜無碳生活可謂全民公敵、膽大包天，縱使如此，我仍不認為他算是完全「無影響的人」，外在環境實在不是個人力量能扭轉的，但不可否認，他是努力邁向通往「無影響」的鬥士！

若說柯林的生活像苦行僧，我反而認為是世界頂級享受！他說：「我想告訴大家，減碳與降低生活品質不會成正比！」因為斷電，少了電視娛樂，柯林全家只好天天往外跑，他們發現紐約原來也有美麗的海灘！不能吃有包裝的食品，只能到附近的新鮮市集採購蔬果，蜜雪兒驚覺減重原來如此容易！

如柯林所說：「經過這一年的實驗，我們篩選出哪些減碳方法值得保留，而哪些應該被淘汰。」柯林也說：「最激烈的政治手段，是做一個樂觀主義者。」做一個像柯林一樣的樂觀者吧！相信一個人的力量並不渺小，匯集起來是可以改變世界的。這本書不僅提醒我們個人的力量可以讓世界有些改變，也讓我們明白什麼是真正的幸福。

## 買個不停，丟個不停

# 《東西的故事》A寶

——安妮．雷納德 Annie Leonard

**這個世界上可沒有那麼多的資源，讓我們這樣大量消耗。要是我們真的不管道德，自私決定要走下這條不歸路，那我們就必須搭起更高的圍牆和籬笆，然後躲在裡面，因為爭奪的世界會變得很醜陋。**

安妮．雷納德花了二十年時間，研究「東西」！她疑惑著人們製造出來堆積如山的垃圾都到哪兒去了？她懷疑遠渡重洋的商品為什麼不尋常的便宜？她思索為什麼修理舊機器總比買新機器來得貴？我們日常生活中經常遇到的事，難道就該視為理所當然，而不去深入尋查？覺醒的安妮引領我們抽絲剝繭解開神祕懸案！

《東西的故事》使我省悟科技進步的「罪魁禍首」。科技進步不是一種罪，但當它破壞環境、損害健康、遺患後代，科技倒不如不要進步！日新月異的科技，平均十八個月就會推出全新品種的產品，迫使欲望強烈的廣大消費者不斷跟進新潮流。假使你還稍稍握有主權，當商品零件壞掉時，商店的回覆是：零件沒有了，解決方案是「再買新的」！你不認為自己被控制嗎？那些站在金字塔頂端的金頭腦不斷更新商品的格式，哪怕只是晶片換了形狀、改變操作模式，只要有「變」就能一再吸引消費「狂」潮！追溯一切動機，為的就是「創造利潤」。

要如何拆穿這危及世界安危的重大陰謀？若我們仍一味追逐最新、酷、炫的電子產品，就像被大企業當成小傀儡，卻仍自得意滿。

現在的世界或許應該叫作「偷竊的年代」，我們狠毒地將上幾世紀的能源挖出，將未來的資源奪走，金錢竟使人性如此冷酷。真的好想離開地球表面，好想生活在科技沒那麼發達的年代，除了哀嘆自己「生不逢時」，已經有人揭竿起義囉！科技衍生的問題有誰能解答？安妮和許多環境組織已經亮起微弱的警示燈……

東西的故事
The Story of Stuff

血色海灣
THE COVE
海豚的微笑，是自然界最大的謊言！

## 終結捕殺海豚

# 《血色海灣：海豚的微笑，是自然界最大的謊言！》A寶

——瑞察．歐貝瑞 Richard O'Barry、漢斯．佩特．羅德 Hans Peter Roth

**海灣被大量屠殺海豚所噴湧出的鮮血染成特別濃厚的紅色……**

**一些獵捕人似乎陷入一種暴虐舐血的狂喜迷醉狀態……**

那年夏天，我在臺灣東部花蓮海上，乘著搖搖晃晃的遊艇，止不住地想吐，那天的陽光特別刺眼，海浪擺盪的頻率令人頭痛，正當天旋地轉之際，身穿一襲灰色禮服的仙女們從海中以優美的弧度現身，霎時耀眼的陽光好像成了點綴灰色禮服的鑽石，海浪也配合這群舞蹈者的節奏，適時地濺出白色浪花。在她們的熱舞中，我第一次邂逅海洋中的精靈——海豚。

以前不知道日本大地町「盛產」海豚，每年海豚依循著牠們血脈中流傳千年的地圖，遷徙到日本這個小漁村的外海，那兒擁有天然靜謐的海灣，到了特定季節便不難望見遠處海上激起的小小騷動，或者是精彩的水上芭蕾，海豚無憂無慮地優游嬉戲，似乎

不知此時大屠殺的行動正在醞釀。不知不覺中，敵人的艦隊用震耳欲聾的敲擊聲，輕鬆地把海豚像趕羊群般趕進了海灣。每年九月到隔年二月，海豚被圍困在海灣中，這海灣是被封鎖的，其中的祕密只能從海上慢慢渲染開的殷紅略知一二。沒錯，大屠殺行動已經「轟轟烈烈」地開始了！

這驚天動地的大屠殺傳統一直延續至二〇〇九年才被禁止，而這祕密全部記錄在《血色海灣》這本書裡。每年有兩萬三千隻海豚與鼠海豚在日本被殺害，日本大地町是全球海豚批發商，一部分海豚被訓練成供人娛樂的小丑，大部分的海豚則餵飽人們的五臟廟。

那被血浸染的海灣任誰看了都會感到怵目驚心，深深烙印在心裡。大屠殺生物的舉動除了帶來生態浩劫，我更認為這是人類詭譎的思維。自以為是萬獸之王駕馭大自然，見到海豚流暢地旋轉，卻滿腦子鈔票飛揚，那可真是徒然度過此生。

人生不就是一場美的巡禮？能和萬物心靈相契，跨越生物間的生命悸動，是美好的生命經驗。希望我們把平靜還給大地，讓生命之海保有本然之美。

## 離開非黑即白的思維

# 《陪你走中國》

B寶

——吳祥輝

**人生是不斷變化或轉折的旅程，給自己每個歲月階段下註腳，總是艱難又重要。落在哪裡，就會從那裡開始。**

初次看這本書是我國中到高中階段，正巧兩度走訪中國的上海及北京，去上海為的是「世博就在對岸，世界就在眼前」的致命吸引力，而去北京則是和作者吳祥輝的心情一致：要有國際觀，有中國觀更是首要任務！

吳祥輝與兒子機智笑鬧卻又極具教育意義的對話，簡直比當地嚮導更專業、更科學，比外國旅遊書更有兩岸共存容的省思。

再看這本書是上大學前幾天，在書架亂逛，想到歷史、地理都快忘得差不多了，來輕鬆複習一番，所以又選了這本書。吳祥輝不只記敘所見的景物與遊歷心境，還調查許多數據資料，輔佐論述。他的比喻聯想功力極高，海馬、迅猛龍、秋海棠、老母雞……

陪你走中國
吳祥輝 著
一位台灣父親給兒子的畢業禮物

還有難記的年代，都在搞笑諧音的催化下刻進腦袋。

為什麼要看這本書？第一，就是好看！「入口即化」，綜合旅遊書、教科書、文學書的獨特口味，讓我欲罷不能。再來，即使是沒去過中國的讀者，也可藉由吳祥輝給兒子的畢業禮物，深深感受到中國各地的人物風景。

他這番遊歷給了我靈感。我從前的旅行常常僅限於一個定點，下次或許也能來個中國或者某國、某洲的縱走、橫走。

對於中國，臺灣人有複雜的情感，但是在灌注自己猛烈的情感去做評點之前，起碼的工作是「認識」。謝謝吳祥輝帶我們離開政治的絕對單一化答案，離開非黑即白的選擇，讓我們看到很多可能性，看到其中的灰色地帶。我終於有機會從不同面向看看這個正在崛起、與我們有相同祖先的國度。

除了這本《陪你走中國》，作者吳祥輝更具代表性的作品非「歐洲三部曲」莫屬，其中包括《芬蘭驚豔》、《驚歎愛爾蘭》和《驚喜挪威》，而最新的一本是《驚恐日本》。對中學生來說，這幾本書寫國家的作品是補品與甜品，世界不再只是課本上的隻字片語和形容詞；對大學生來說，這些是自身定位的航標，帶領我們在茫茫社會與世界中，找到自己，找到國家與我的關係。

# 愛上閱讀等於擁抱世界

如果說培養閱讀習慣是我們給自己最好的禮物，那麼與人分享自己喜歡的書便是送出一份最好的精神禮物了。我常常透過與他人交換書單，結交到志同道合的朋友。閱讀除了能充實我們現實生活的知識與具體的能力，最重要的是它能幫助我們建築一個別人拿不走的精神世界。謝謝時報文化出版社的幫助與包容，給我們與大家分享的機會，也謝謝編輯姊姊們願意讓我為裡頭介紹的書拍「沙龍照」。

我很喜歡電影《雨果的冒險》的這段：小女孩把雨果帶到圖書館，眼睛發亮地看著架上種種圖書說道：「這是世界上最美的地方，這裡就像夢幻王國和充滿寶藏的金銀島。」

邀請您進入我們的夢幻王國尋寶去！

A寶

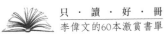

如果人生只能愛上一件事，對我來說那就是閱讀。因為這麼一來，可藉此與天涯海角的「美麗與哀愁」相遇。

家裡像是一座圖書館，我坐擁書城，更擁有世界。常不小心脫口而出說：「我不想上學，因為太多課外書沒看，好想關在房間把書全部讀完！」閱讀就是在領受千萬種知識、情感、智慧，能夠愛上閱讀真幸福，這是伴我們一輩子的禮物。

與爸爸和姊姊合力選出這些書真是大工程，因為好書太多、腦子太小，有時只記得當下的感動與衝擊，真要介紹又不免再次墜入文字之海。因此爸爸一再給我們老掉牙卻超難做到的忠告：「邊看邊畫螢光筆，手謄或打字做筆記摘佳句、佳段，或者特別的概念。」這麼一來，閱讀不只能感動自己，更能透過我們將美麗與哀愁傳遞下去。

謝謝願意與我們一起閱讀的你，請一起讓世界更精彩。

B寶

VIEW系列027

# 只讀好冊：李偉文的60本激賞書單

作　　者－李偉文、AB寶
主　　編－邱憶伶
責任編輯－麥可欣
責任企劃－吳宜臻
圖片攝影－李欣澄
封面設計－十六設計
董 事 長
發 行 人－趙政岷
總 編 輯－李采洪
出 版 者－時報文化出版企業股份有限公司
一〇八〇三臺北市和平西路三段二四〇號三樓
發行專線－（〇二）二三〇六－六八四二
讀者服務專線－〇八〇〇－二三一－七〇五・（〇二）二三〇四－七一〇三
讀者服務傳真－（〇二）二三〇四－六八五八
郵撥－一九三四四七二四時報文化出版公司
信箱－台北郵政七九～九九信箱
時報悅讀網－http://www.readingtimes.com.tw
讀者服務信箱－newstudy@readingtimes.com.tw
時報出版愛讀者粉絲團－http://www.facebook.com/readingtimes.2
法律顧問－理律法務事務所　陳長文律師、李念祖律師
印　　刷－詠豐印刷有限公司
初版一刷－二〇一四年十月九日
定　　價－三〇〇元
⊙行政院新聞局局版北市業字第八〇號


國家圖書館出版品預行編目資料

只讀好冊：李偉文的六十本激賞書單/ 李偉文, AB寶著.--初版. --臺北市：時報文化, 2014.10
面；　公分. --(VIEW系列；27)
ISBN 978-957-13-6092-8（平裝）
1.推薦書目
012.4　　103019228